JN025436

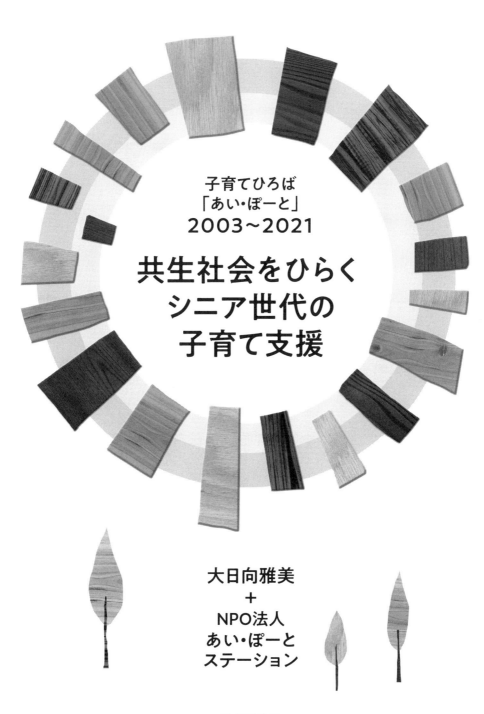

子育てひろば
「あい・ぽーと」
2003〜2021

共生社会をひらく シニア世代の 子育て支援

大日向雅美
＋
NPO法人
あい・ぽーと
ステーション

日本評論社

はじめに ── 日本社会は子育て支援の意味が
なにもわかっていなかった？!

　2020年の春先から突如襲った新型コロナウィルス感染拡大は、世界中を恐怖と不安に陥れ、未曾有の事態とはかほどのことかというほどに私たちの生活を一変させました。本書のために筆をとっている今なお、コロナ禍は一向に収束が見えず、むしろ厳しさを増しています。

　この間をふりかえって、コロナ禍への対応に社会をあげた取り組みが進み、関係者のご苦労はいかばかりかと思いますが、他方で子育て中の親や子どもをいたわる視点があまり見られないことにいたたまれない思いです。昨年の春先にとられた突然の一斉休校・休園、登園自粛、そして、ステイホーム、テレワークと、次々と打ち出される対策はいずれも感染拡大予防上、必要なものとして打ち出されたとしても、それが親をどれほど疲弊させ、子どもたちを怖がらせていることでしょう。

　ここ数年、政府は少子化対策や虐待防止に力をいれ、社会も子育てを応援する機運を高めていたはずです。それなのに実は子育てに奮戦している親の苦労も子どものことも何もわかっていなかったのではないかと、愕然としたというのが正直な思いでした。

　私は1970年代初めのコインロッカー・ベビー事件を契機に、母親の育児不安・育児ストレスを研究し、2004年からはNPO法人あい・ぽーとステーション代表理事として、地域の子育て・家族支援活動にも携わっています。この間、1990年の1.57ショックが一つの大きな契機となって、少子化対策の観点からも子育て支援が推進されてきました。母親一人を育児に孤軍奮闘させてはならないとの思いは、子育て支援にかかわっている全国各地の人々の悲願でもあったわけです。

　その願いが2015年にスタートした"子ども・子育て支援新制度"に結実したことは、その策定に委員の一人として携わった者としての率直な喜びと感

慨でした。「子育ては家庭だけで、親だけで、まして母親だけでは無理なのだ。子どもたちを守るためにも社会の皆で支えなければならない」、これは1.57ショックの1990年から“子ども・子育て支援新制度”策定までの四半世紀の間、そこにかかわったさまざまな人や団体の共通の思いでした。換言すれば「すべての子どものより良い発達を社会の皆で守ろう」という新制度の基本理念には、急速に進む少子化や虐待相談対応件数増加の背景に親や家庭だけに子育てを託してきたことへの痛切な反省が込められていたのです。

　ところが、新型コロナウィルス感染問題が発生するやいなや、“三密”（密閉、密集、密接）を避けるための突然の休校、登園自粛、ステイホームやテレワークは叫ばれても、その結果、かえって三密状態に追い込まれた家庭で、子育てと仕事の両立に苦戦する親とそのもとで暮らす子どもたちへの配慮はまったくと言っていいほどに看過されたのではなかったでしょうか。「子どものこと、子育ては家庭の中で、親だけが担うものだ」と言わんばかりの風潮は、あたかもコインロッカー・ベビー事件が発生した1970年代に逆戻りしたようで、半世紀前の亡霊を見る思いでした。

　なぜ、このようなことになってしまったのか？　子育て支援の理念はどこに行ってしまったのか？　“子ども・子育て支援新制度”に向けた四半世紀余りの歩みは無駄だったのか？　と忸怩たる思いを禁じ得ませんでした。

　しかし、そんなやるせなさを吹き消してくれる動きが、私の足もとから沸き起こったのです。子育てひろば「あい・ぽーと」のスタッフ、そして、そこに集う地域の支援者さんが果敢に立ち上がってくれました。「こんなときだからこそ、私たちにできることがあるはずだ。やりたい、やらせてください」と、ひろばに来ることができない親子にいち早くオンラインひろばをたちあげて、これまで対面でしてきたさまざまなプログラムを展開する模索を始めてくれたのです。「あい・ぽーと」が開設以来実施してきた“理由を問わない一時保育”も、もちろん人数制限をつけ、感染対策に最大限の配慮をしつつではありましたが、継続することができました。

　NPO法人あい・ぽーとステーションは、地域・社会の皆で親と子を守り支えようという理念のもとに活動している特定非営利活動法人（NPO）で、“子ども・子育て支援新制度”の理念を先取りしているという自負はありま

したが、それがまさに立証された嬉しさはコロナ禍の不安を乗り越える何よりの力となりました。

　一日も早いコロナ禍の収束を心から願いますが、コロナ禍が収束した後も、おそらくさまざまな激変が日常となる“ニューノーマル時代”に突入するとも言われています。変化と不安が日常となる時代を生きる私たちが、未来を生きる子どもたちのために、そして、その子どもたちのために日々、懸命に子育てにあたっている親たちのために、できることは何かを改めて考えるときではないでしょうか。

　いつまで、どのような形で続くか分からないコロナ禍ですが、それに打ち克つための改めての力と新たな気づきを得たいとの思いで、「あい・ぽーと」のこれまでの歩みを振り返ってみたいと思います。全国各地で同じ思いで活動をしておられる人々や団体の方々と、共に手を携え、立ち上がる一助となれば、これほど嬉しいことはありません。

　2021年2月

大日向雅美

CONTENTS

コロナ禍の
子育てひろばで起きたこと
第1章

"不要不急"の言葉の前に、うつむく母親たち

　　新型コロナウィルス感染拡大第一波への危機感から政府が緊急事態宣言を発令したのが2020年4月。未曽有のウィルスがもたらす感染力への恐怖と共に私たちの日常が大きく変化しましたが、子育てひろばにもさまざまな変化が求められました。その一つは、一時保育に関しての利用自粛要請が管轄の行政から届けられたことでした。

　　子育てひろば「あい・ぽーと」は2003年の開設以来、一貫して"理由を問わない一時保育"を実施してきましたが、新型コロナウィルス感染拡大下では"理由を問う"ことを余儀なくされたのです。すなわち"不要不急"のお預けを自粛していただくために、利用予約を受ける際に"不要不急"のお預けではないことを確認する手続きを加えるということでした。

　　子どもを預かる際に理由を問わないことをモットーとしてきた「あい・ぽーと」の理念からすると矛盾することでしたが、感染拡大予防上のやむを得ない処置だと私たちは理解しました。

　　ところが、しばらくしてスタッフから私のもとに戸惑いの声が届けられたのです。「電話予約の際に、やはり"不要不急"のお預けではないですね？と尋ねなくてはならないのでしょうか」と。利用予約の電話をかけてきた母親が受話器の向こうで一瞬、息をのむ気配が伝わってくるのだそうです。「ええ、その通りです」と即座に胸を張って応えることができずにうつむいている雰囲気が受話器を通して伝わってきて、切なくてならないとスタッフが訴えるのです。

　　感染拡大予防のために"不要不急"の外出は当然、自粛されるべきです。しかし、コロナ禍で家に閉じこもらざるを得ない状態におかれ、子どもの世話に明け暮れる親にとって、一時保育を利用したいというニーズは、はたして"不要不急"なのでしょうか。日本の住宅事情を考えても、限られた空間の中で、子どもたちはどのように過ごしているのでしょうか。騒げば階下や近隣からの苦情も寄せられかねません。そんなことにもおびえなくてはならないのです。ましてテレワークもしながら、三食、家での食事づくりもするとなれば、親は心身ともに追い詰められます。少しの時間でいいから子ども

の世話から逃れたいと思ったとして、それを"不要不急"のことだと誰が切り捨てられるというのでしょうか。

日々、現場で親と子に接しているスタッフたちは、コロナ禍で追い詰められている親の苦しみを受話器からしっかり汲み取ってくれたのです。

「わかりました！"不要不急"とお尋ねするのは止めましょう。親のニーズは基本的に"必要緊急"として受けとめましょう」。

このコロナ禍で私たちは"必要緊急"とは何かを改めて見つめ直す時を与えられた思いでした。なにはさておいても"必要緊急"なこと、それは命と命に携わる営みではないかと思いました。

行政の指導に逆らうような気まずさと勇気は要りましたが、それ以上にコロナ禍での親子の暮らしを気遣うスタッフの思いに動かされました。もちろん感染予防のための対策に一時保育の現場が払う労力は並大抵のことではありませんでしたが、受話器の向こうの一瞬の沈黙を払いのけるのは忍び難いと、懸命に一時保育業務にいそしんでくれるスタッフには、ただただ感謝の思いしかありませんでした。

親のニーズはいつだって"必要緊急"と言い切れた背景

"理由を問わない一時保育"への「あい・ぽーと」の挑戦

日々、緊張の連続で過ごしていた緊急事態宣言下で、なぜ私にこのような決断ができたのか。そこには20年近い「あい・ぽーと」の実践への信頼があったからに他なりません。

「あい・ぽーと」は2003年から東京都港区との協働で開設した子育てひろばです。"旧青葉幼稚園"の跡地を活用して新たな子育て支援の実践を託す事業者を区が公開プロポーザル方式で求めるという、当時としては全国的にも新しい試みに挑戦して、手に入れたひろばでした。

2003年1月に区民ホールで開かれた公開発表の舞台にプレゼンターとして立った私は、会場に集まった区民や関係者に次のように訴えました。

「子育てひろばは親と子が楽しく集う場です。でも私はそれだけのひろばにはしたくありません。"子育て支援は親支援"です。親がゆとりをもって

子育ての喜びを実感できてこそ、子どもの笑顔も輝きます。子どもの健やかな育ちのために、そして、そのための親支援に力を注ぎます。その一つとして、"理由を問わない一時保育"を実施させてください」。

　"子育て支援は親支援"という理念は、1970年代初頭のコインロッカー・ベビー事件を契機に、以来、子育てに悩み苦しむ母親の実態調査を繰り返してきた私の揺るぎない信念でした。そして、そのための実践の場を得ることが、研究者としての悲願でした。「トイレに一人で入りたい。両手を使って食事がしたい。冷めてないスープを飲みたい。たまにでいいから、手足を伸ばしてゆっくりお風呂に入りたい…」。子どもが生まれてきてくれたことに感謝し、その子を育てることに喜びと責務も自覚している母親たちでした。それでも想像もできなかった子育ての疲弊感に押しつぶされそうになる思いを、当時の母親たちは、「24時間、365日、年中無休のコンビニを一人で切りもりしているみたい」と私に訴えたのです（大日向雅美著『子育てと出会うとき』（NHK出版 1999）。

　今は"ワンオペ育児"という言葉がそれに代わって流行しています。"ワンオペ"とはワンオペレーションの略で、子育ても家事等もすべて一人でこなすという意味です。ワンフレーズで窮状を伝える言葉のインパクトに感心しつつ、女性が子育てに孤軍奮闘する実態は、今なお変わっていないことに愕然とする思いです。まして、公開プレゼンが行われた当時は、コインロッカー・ベビー事件から30年近い歳月が流れていた時でしたが、依然として母親が子どもをどこかに、あるいはだれかに預けるには、それなりの理由が求められていたことは今以上でした。仕事（しかも、働かなくてはいけないという理由が暗黙のうちに課せられていた状況）、あるいは病気で通院や入院を余儀なくされたり、冠婚葬祭に出かけたりする等々の"大義名分"が必要でした。「少しでいいから自分の時間がほしい。喫茶店でコーヒーを飲みたい。家の片づけをしたい。本や新聞をゆっくり読みたい。もう一度勉強したい…」といった母親たちの願いは、ぜいたくでわがままなこととして一蹴されがちな時代でした。"理由を問わない一時保育"はかなりの驚きをもって迎えられたことだったと思います。

　ただ、プレゼン会場を埋めた母親たちからは大きな期待と支援が得られた

ことは、プレゼンに寄せられた投票結果にも表れていたようでした。

　何よりも有難かったことは、港区が私の提案を前向きにとらえてくださったことでした。当時のお役所としては、ずいぶんと珍しいことだったのではないかと思います。そこにはある事情がありました。

　"旧青葉幼稚園"の跡地を活用した事業（みなと子育てサポートハウス事業）募集は、当時の"戦略事業推進室"という部署の担当でした。随分と勇ましい名称に聞こえる室ですが、区内のさまざまな新規事業を戦略的に推進することを目的として、３年の時限で設置された部署でした。必ずしも子育て支援に特化する部署ではなかったことから、そこには保育や子育て支援プロパーの職員がおられなかったのです。失礼な言い方かもしれませんが、これが幸いしたというのが正直な思いです。仮に、保育領域の専門職員の方がいらしたら、私の提案は到底容認されないことだったのではないかと思います。"親子関係はイコール母子関係"という固定観念が、とりわけ保育の世界に根深く浸透していた時代だったからです。

　しかし、戦略事業推進室の方々はそうした母子関係理論の分野外にいらしたこともあってか、「母親が育児がつらいとか、一瞬でも子どもから離れたいなんてわがままだ」とか、まして「容認しがたい」などということは、一言もおっしゃいませんでした。

　もちろん、安易な利用が育児放棄につながらないようにという懸念は示されました。そして、それは当然心すべきこととして、利用規定等々の整備徹底に努めたことは言うまでもありません。

反対意見に出会い改めて思う「あい・ぽーと」の"子育て支援は親支援"の意義
<u>パチンコに行きたいという理由でも預かるのか？</u>

　"理由を問わない一時保育"への反対意見は、当初、むしろ外部からたくさん寄せられました。

　たとえばある研究会でのことです。「あい・ぽーとは親支援をするために"理由を問わない一時保育"をしているようですが、それでは、パチンコに行きたいからという理由でも預かるのですか？」。

　早速スタッフとの勉強会にこの質問を投げかけてみました。全員が「預か

ります」と即答しました。理由はさまざまでした。

- ・親がパチンコに興じている間に、車の中などに残された子どもが事故死する例が後を絶ちません。親は一時と思っても、子どもの危険は一刻も猶予がないことがほとんどです。そんな危険な目に遭わせるのなら、私たちに預からせてほしいです。
- ・確かに"理由を問わない一時保育"をしていますが、「あい・ぽーと」では荷物を預かるみたいな預かり方はしていませんよね。利用者の方に事前に保育の部屋を見ていただいて、「あい・ぽーと」の一時保育の仕組みや理念をしっかり説明もしています。なによりも原則、予約制です。ですから利用される方もいろいろとスケジュールを調整しての依頼だと思います。むやみやたらに席とりをするようなことのないように、キャンセル規定も設けて、守ってくれている利用者さんがほとんどです。ここまでルールをしっかり守ってくださっている利用者さんなのですから、それ以上の理由は問うべきではないと思います。

そして、別のスタッフはこう言いました。

- ・親のニーズに私たちが是非をつけるのはなかなか難しいことではないでしょうか。パチンコはだめで、クラッシックのコンサートならいいんですか？。

このスタッフの発言の裏には、ご夫婦でクラッシク・コンサートに出かけるためにお預かりしたときに、とても困ったことがあったのです。お預かりしたときは平熱で元気だった子が、保育の途中で急に下痢が始まってしまったのです。両親はしっかりと緊急連絡先を残していってくれたのですが、コンサート会場は携帯電話がつながりませんでした。やっと連絡がついて両親のもとに無事、お返しするまでの緊急対応で苦労したことを思い出しての発言だったようです。

<u>親支援か子どもの最善の利益か？</u>

ここにご紹介した「パチンコに行く場合でも預かるのか」という質問は、"理由を問わない一時保育"に対して当初寄せられた反対意見の一例です。この他にも多くの人から共通していわれたことがあります。「『あい・ぽー

と』は親支援に偏りすぎていないか？　子どもの最善の利益についてはどう考えるのか？」ということでした。

　それに対して、私はいつもこう答えていました。「『あい・ぽーと』がしていることは、親支援だけでも、子ども支援だけでもありません。"親と子の関係性の支援"です」と。

　親が子どもを預けたいという理由は実にさまざまです。また子どもの状況もそれ以上に多様で個人差があります。慣れない場所で親と離れるときには、たいてい泣きだします。親は後ろ髪を引かれるような思いで立ち去りますが、大半はほどなく泣き止んで、楽しそうに遊びだします。まれにお預かりしている間中、大泣きがやまない子もいます。そういう場合は、帰宅後の様子を見ていただいて、場合によっては少し間隔をあけてから再度、試していただくなど、年齢や家庭環境等によって異なる一人ひとりの子どもの状況にできるだけ寄り添った保育をしていることが、「あい・ぽーと」が利用者さんから大きな信頼を寄せられている理由の一つではないかと考えます。

　こんなエピソードがありました。開設して間もない頃のことです。一人の母親が「用事があるので」と２時間の利用を申し込まれました。初めての利用ということもあってか、赤ちゃんは大泣きして、その母親も躊躇する様子でしたが、スタッフが「大丈夫ですよ。安心してお出かけください」と言って送り出したそうです。ところがお約束の２時間よりも早めにお迎えにきた母親が最初に発した言葉は、「あの後もずっと泣いていましたか？」。スタッフが「いいえ、すぐに泣き止んで、とてもご機嫌さんで、いっぱい遊べましたよ」と言って赤ちゃんをお返ししようとしたところ、その母親は目から大粒の涙を流しながら「すみません。私、嘘をついたのです」と語り始めたとのことです。

　「私が利用したのは用事ではなかったのです。このところ育児がつらくて、思わずこの子に手を上げそうになることもあって…、とてもつらかった。夫に打ち明けたら「あい・ぽーと」があるじゃないかって。あそこなら安心だと思うよと言ってくれて…と、お預けになる経緯から、さらに、次のように言葉を続けられたそうです。

　「夫に背中を押されて『あい・ぽーと』の一時保育を申し込んだのですが、

とても心苦しかった。せっかく生まれてきてくれた大切なわが子なのに、その子の育児がつらいなどといって、一時でも離れようとするのは、母親失格ではないか。それに私は仕事をしているわけでもありません。それなのにお金を払って一時保育を利用していいのかなと思いました」。

こうして躊躇する思いは、預けるときのわが子の泣き声でさらに追い打ちをかけられたことでしょう。でも、スタッフの「安心してお出かけください」との言葉に励まされて「あい・ぽーと」の門を出たそうですが、そのときです。ふと見上げた空に圧倒されたということでした。「空はこんなに青かったの！　こんなに高かったの！！」と。そして、歩き始めたときの靴音に背筋が伸びるようだったと述懐されたのです。いつもうつむいてベビーカーを押しながら歩いていたのでしょう。

そうして入った喫茶店で、BGMを聞きながらコーヒーを飲むうちに、実に不思議な心の動きが起きたとのことです。「あの子は、今何をしているのかしら？　泣いてないかしら？　会いたいなぁ」という気持ちが沸き上がってきて、可愛い顔ばかりが浮かんだそうです。そうして矢も楯もたまらずに、約束の2時間より前に「あい・ぽーと」に迎えにきたところ、ここ数日、見たこともないような笑顔のわが子を見て、一気に涙腺が緩んでしまったとのことでした。

こうして胸のうちを正直に話す母親に、スタッフは「お母さん、いつでもつらくなったら、『あい・ぽーと』にいらしてくださいね。一人で頑張らないで。私たちがいますからね」とお伝えしたそうです。

それから、この母親は頻繁に「あい・ぽーと」のひろばで過ごされるようになったようですが、一時保育はその後、一度も利用されていないとスタッフから報告を受けて、さりげなく声をかけてみました。「その後、いかがですか？」と。「ええ、大丈夫です。元気にやっています。不思議ですね。いつでも助けていただける場があると思うだけで、子育てがつらくなくなっているんです」という言葉が返ってきました。

とても小さな、そして、地味なエピソードですが、"子育て支援は親支援"だということを痛感しました。こうした"親と子の関係性"への支援を地域で担わせていただけることが本当に大切で、有難いことだと思いました。

"親と子の関係性"への支援こそ

　もっとも、一時保育の業務は当初、私が想像した以上の難しさがありました。とくにスタッフが「今日は久しぶりに〇〇ちゃんが来てくれたわね。しばらく見ないうちに随分大きくなって…」と、こんなこと、あんなことができるようになったと成長ぶりを楽しそうに話しあっている声を聞くときに、とりわけ思うことです。

　保育に携わる人々の何よりの喜びは、子どもの育つ姿に日々、継続的に接することではないでしょうか。4月に入園し、翌年の3月までクラス担任などをして保育ができる通常の保育園や認定子ども園等ではそれが叶いますが、"理由を問わない一時保育"は、親の都合で利用されます。一人ひとりの子どもたちにどんなに心をこめて接したとしても、今度、いつ会えるかはわからないのです。頻繁に利用される親もいますが、利用理由によっては間隔が空くことが少なくありません。「久しぶりに〇〇ちゃんに会えた」と嬉しそうなスタッフの声を聞くたびに、随分と酷な仕事をしてもらっているとの思いを禁じ得ません。

　でも、そんな私の迷いを消してくれるのもスタッフたちです。「お迎えに来たときの親御さんのやわらかなお顔、嬉しそうに抱きついていく子ども。そんな光景を見ることができるのも、一時保育ならではの喜びです」と言ってくれています。

　一時保育の利用は、子どものためにけっして無理をしないことは大切です。でも、お迎えに来たときの親子の様子は実にほほえましくて、うっとりするような光景です。お預けになるときには不安げな表情を隠せなかった親が、一時でも自分の用事を済ませてわが子を抱きとるときの輝くような笑顔。そして、子どもがそんな親のもとに全身で慕い寄っていく。「あい・ぽーと」はけっして親支援にだけ偏ってはいない、"親と子の関係性"を支援させていただいているという思いを、スタッフと共に確かにさせていただいている日々です。

　「『あい・ぽーと』があったから、私は子育てができました」「二人目を産みたいと思えたのも、『あい・ぽーと』の一時保育があったから」という声も、"理由を問わない一時保育"を継続していく励みとなっています。

こうした声をこの間、何度聞いてきたことでしょう。そして、このコロナ禍で再び「あい・ぽーと」があって助かったという声に接している日々です。親のニーズはいつだって"必要緊急"という思いを改めて強くしています。

いち早くオンラインひろばをスタート

家に閉じ込められている親子とつながりたい

　緊急事態宣言下で起きたもう一つのことは、"ひろば"の閉鎖でした。"理由を問わない一時保育"は、なんとか縮小しながら実施できたものの、"ひろば"の閉鎖はとてもつらいことでした。

　毎日のように来てくれていた親子の姿が見られなくなる、子どもたちの元気な声、ときにはダダをこねて泣く声等が聞こえなくなる…。3.11の時の悪夢がよみがえるような気持ちでした。2011年3月11日に東北地方を襲った大規模な震災に日本中が恐怖と悲しみに陥った時も、しばらく"ひろば"は閉鎖となりました。2週間ほどして再開できたとき、"ひろば"にこだました子どもたちの声にどれほど癒され、元気をもらい、明るい気持ちになれたことでしょう。子どもの姿と声は"ひろば"の必須アイテムです。

　でも、このコロナ禍はいつ収束するかわかりません。先の見えない不安のなかで、思いついたのが"オンラインひろば"でした。折りしも私が勤務する大学もオンライン化に向けて整備を進めていた時でしたので、同じことが"ひろば"でできたらという思いつきでした。

　ただ、提案はできても、実際にどうしたらいいのか、IT関連にうとい私にはお手上げでした。大学は教職員が一丸となってやってくれていましたが、果たしてNPOの「あい・ぽーと」でできるのか、心許ない思いでした。

　でも、できたのです。「あい・ぽーと」でもスタッフが一丸となってやってくれました。出入りのIT関連の業者さんの助けを借りながら、自分たちで情報収集に走り回って急ピッチで進めていきました。家に閉じ込められている親子と何とかしてつながりたいというスタッフのあつい思いと行動力が、オンラインひろば開始の何よりの原動力でした。

有難かった企業からの助成、そして、かけつけてくれた地域の人々

そして、もう一つ、こうした環境整備ができた背景に企業からの支援がありました。これまでも「あい・ぽーと」の活動をさまざまな面から応援してくださっていた住友生命保険相互会社の助成（新型コロナウイルス感染症拡大によって影響を受けた医療機関、教育・子育て関係者への寄付）と六本木ロータリークラブの寄付をいただけました。どんなに有難かったことか。寄付金をいただけたことと同時に、私たちの活動を見守っていただけているという喜びもまた、スタッフが立ち上がる元気の源となったことでした。

そして、"オンラインひろば"ができた3つめの要因として、ハード面の整備と共にソフト面にいち早く着手し、実行に移せたことがあげられます。そこには常日ごろ、新しいことに挑戦することに喜びを覚えてくれるスタッフの存在、そして、そのスタッフの呼びかけに応じて、地域の"子育て・家族支援者"さんや"シニア世代の男性支援者（子育て・まちづくり支援プロデューサー、愛称まちプロ）"さんたちが続々と駆け付けてくれました。駆け付けたといっても、対面での登場はかないませんでした。一人ひとりが親子に向けたメッセージボードを掲げて、ビデオメッセージを届けてくれたのです。

それからも、続々とオンラインプログラムの充実が図られていきました。これまで対面で実施していたさまざまなプログラムをオンラインを通して家庭の親子に届けることができたのです（"子育て・家族支援者"さんやシニア世代の男性支援者"まちプロ"さんの詳細については、後述いたします）。

"オンラインひろば"とは？

感染症が心配で外出は控えたい　下の子が小さいから出かけられない…でもあい・ぽーとのプログラムを親子で楽しみたい…。そんな方のために、"オンラインひろば"を立ち上げました。簡単な登録で、毎日配信する楽しいプログラム。リズム遊びや工作、折り紙、おはなし会、おやこ de えいご、体操、おしゃべりひろば、おうちでできるパン作り等々、Zoom を使って、参加費無料・予約不要でご参加いただけます。

◆　お家で楽しんでいただけるプログラム（その一部）
　　・大日向代表理事からのメッセージ動画
　　・スタッフからのおすすめの絵本
　　・支援者さんが作ってくださったオリジナル動画
　　・おやこ de えいご
　　・ストーリーヨガ
　　・オーガニックガーデンからの動画クイズ可愛い生き物にも会えるよ！
　　・美味しいコーヒーの淹れ方
　　・子育て相談員（子育てコーディネーター）によるオンライン相談「大き
　　　くなったかな？」

地域の人材養成が実った

"オンラインひろば" はＳＤＧｓの理念に合致

　おそらくコロナ禍がなかったら、"オンラインひろば" を実施することも
なかったことでしょう。コロナ禍でのやむを得ない必死の挑戦でしたが、や
ってよかったと思うことがありました。それはこれまで、おそらくどの子育
てひろばでも懸案とされていた問題の一つの解決につながるかもしれない道
筋が見えたことでした。

　私たち子育てひろばがどんなに親子のためを思って企画に工夫をこらした
としても、それはひろばに来て初めて体験していただけることでした。子育
てひろばに行きたいと願っていたとしても、さまざまな事情で来ることがで
きない親子も少なくないことでしょう。そうした親子にこそ支援が必要かも
しれないと思いつつも、具体策がなかなか見いだせないもどかしさがあった
のです。

　ところが "オンラインひろば" では、わざわざ出かける必要もありません。
場合によっては画面上に顔を出さなくても OK です。他の親子の視線を気に
することもなく、プログラムに参加したり相談に乗ってもらったりすること
ができるというメリットがあったのです。

もちろん人と人とのかかわりには対面でのコミュニケーションに勝るものはないという考えもあるかと思いますが、ママ友どうしのお付き合い等に高いハードルを感じてしまいがちな人がいるのも事実です。どんな人にも手を差し伸べ、誰一人として取り残さないというSDGsの理念に、わずかでも近づけたかという思いもまた、コロナ禍のピンチをチャンスに換えることができたことの一つではないかと思います。

"オンラインひろば" を可能とした「あい・ぽーと」の仕掛け

　さて、こうした対応をすみやかにとることができた背景には、開設以来、取り組んできた「あい・ぽーと」のもう一つの仕掛けがあります。

　前に私は公開プロポーザルの壇上で、子育て支援への思いを次のように語ったと述べました。「子育てひろばは親と子が楽しく集う場です。でも私はそれだけのひろばにはしたくない。"子育て支援は親支援" です。親がゆとりをもって子育ての喜びを実感できるための企画に力を注ぎます」と。そして、その一つとして、"理由を問わない一時保育" の実施を訴えたのですが、同時にもう一つのことを訴えました。「"子育て支援は親支援" であることを実現するために、地域の老若男女共同参画で、地域の育児力向上をめざした仕組みを作ります」と。

　具体的には地域の "子育て・家族支援者" 養成です。

　"理由を問わない一時保育" を実現するためには保育士が核となることは言うまでもありませんが、保育士だけで担えるものとも考えていませんでした。親、とくに母親のリフレッシュや学びを支援し、親であると同時に一人の人間としての在り方を保障するという視点は、あえて誤解を恐れずに言えば、当時の保育界には縁遠いものでした。子どもを産み母となった以上は、すべてのことを犠牲にしてでも育児に専念すべきだという母性観は、今なお払しょくされていませんが、「あい・ぽーと」開設時の今から20年近く前は、そうした考え方が今以上に社会のすみずみに根深く浸透していた時代でした。

　保育の世界もそうした母性観から解放されていなかった、というよりは、そうした母性観の発信拠点でもあったといっても過言ではありませんでした。愛着理論等に代表されるように、子どもは母親の愛情が唯一無二の重要性を

もっているという母子関係論のもとで、たとえば母親が子どもを保育園等に預けるのは、やむを得ず働かなくてならない状況等に限ってであり、そうした"保育に欠ける"状況にある人に対して支援するという発想が主流の時代でした。私の子育てはもう少し前になりますが、長女を保育園に入れたとき、「育児放棄のお母さんね」と園長先生から言われました。母親となっても大学院の博士課程で研究を続けていたことが理由でした。当時の母性観を思えば、この園長先生の発言もやむを得ないことと思えますが、今なお消えない心の傷となっています（大日向雅美『子育てと出会うとき』NHK出版 1999参照）。

しかし、そうした風潮の最中だったからこそ、"母親にも一人の時間を"というメッセージがつらい子育てを経験している女性たちに打てば響くように通じたことと思います。さらに、地域の人々のための人材養成講座"子育て・家族支援者養成講座"を開講し、そこに集ってくださる地域の人々の姿を間近に見て、「"子育て支援は親支援"であることを実現するために、地域の老若男女共同参画で、地域の育児力向上をめざした仕組みを作ります」とのプロポーザルでの私の訴えが間違っていなかったことを思います。"子育て・家族支援者養成講座"を受講し、認定を受けた支援者さんたちが保育士と共に一時保育を献身的に担ってくださり、さらには一時保育だけでなく、この講座を受講した方々の中から、"ひろばコンシェルジュ"や子育て相談にあたる"子育てコーディネーター"さんたちが続々と誕生して、ひろばプログラムのさまざまな担い手となって、「あい・ぽーと」になくてはならない存在になってくれているのです。

こうして地域に眠っていた人材がマグマのように子育て支援に向けて動き始めてくれた歳月があったからこそ、緊急事態宣言下でもさらに実りある親子支援が実現できたことと思います。

地域の人材養成は、「あい・ぽーと」の活動の核となるものであり、なおしばらく続くコロナ禍との戦いの中で、さらにはコロナ収束後のニューノーマル時代の地域の子育て支援を担う中核ともなるものですので、次章以降で詳しくみていくこととします。

子育てひろば あい・ぽーと

「オンラインひろば」登録について

あい・ぽーと会員の方
※ 2020年度更新がまだでも、「オンラインひろば」の登録ができます。
※ ごきょうだいのうち1名以上が会員の方

非会員の方
※ まだ「あい・ぽーと会員」でない方も「オンラインひろば」へのご登録が可能です。

オンラインひろばを楽しめます♪

※ オンラインひろばご利用の際は、**パスワード**が必要になります。(毎月更新)

参加費無料
予約不要

さらに、翌月以降も「オンラインひろば」を継続利用される方は・・・

会員の方は、ご来館いただいた際、**2020年度の「あい・ぽーと会員」**更新手続きをお願い致します。
※年会費をお支払いいただくことで、登録料は無料とさせていただきます。

非会員の方は、**お申込の翌月20日までに**
オンラインひろば【2020年度登録料/500円】
をお振込みください。
※お振込み後に「あい・ぽーと会員」手続きをされる場合は、その際にお申し出いただきますと、オンライン登録料を「あい・ぽーと会員」年会費に充当させていただきます。

会員 向け
登録フォーム

非会員 向け
登録フォーム

あい・ぽーとウェブサイトからもお入りいただけます！
https://www.ai-port.jp/aiport/online/

【お問い合わせ先】子育てひろば あい・ぽーと　TEL:03-5786-3250　月~土曜日(日祝お休み) 10:00~17:00

1-1　オンラインひろばのご案内

1-2　オンラインひろばビデオメッセージ

1-3　オンラインパン作り

1-4　オンライン相談

あい・ぽーとの活動を支える
地域の人々

第2章

子育て・家族支援者養成講座を始めて

地域の育児力向上と子育て後の女性の社会参画を目指して

「地域の老若男女共同参画で地域の育児力向上を図る。そのために地域の方々に支援者となっていただく仕組みを作ります」。私が東京都港区立・旧青葉幼稚園跡地を活用した新たな子育て支援事業募集のプロポーザルでこのように宣言したことは、前章で述べた通りです。

その仕組みとは地域の方々を"子育て・家族支援者"として養成することでした。念願かなって子育てひろば「あい・ぽーと」がスタートしてから1年半あまりの準備期間を経て"子育て・家族支援者養成講座"をスタートさせました。

この養成講座の目的は、2つありました。第1は、地域の育児力の向上を図る担い手の養成です。第2に、子育て支援を女性の社会参画につなげることです。

まず第1の「地域の育児力向上」ですが、子育ては家庭や母親ひとりが担うには大変負担の大きい仕事です。しかし、いざ地域で支えようと言っても、一人ひとりがどう動いていいのかわからないのが実情ではないでしょうか。地域が崩壊したといわれて久しいことに加えて、子育てに対する価値観や方法も、人それぞれです。年配者と若い親との間には、世代の差、生きた時代の影響も小さくありません。昔の子育ての常識が通用しないことも日常茶飯です。「支援をしてあげる」のではなく、地域に暮らす者どうしが"支え-支えられてお互い様"という自然な形で、親子に寄り添う姿勢が必要です。地域の育児力を高めるとは、換言すればこうした子育て支援の考え方を理解した人がたくさん増えてこそです。また、各地に子育て支援センターや子育てひろばが増えていますが、子育て支援は一つの建物の中で行うだけでは充分ではありません。どこに住んでいても、センターに来ることができない親子にも、支援が届くよう、地域の随所で活動する人が必要です。

この講座を開始したもう一つの目的である女性の社会参画を支援するということは、まさに母性をライフワークとしている私自身の切実な願いに他なりませんでした。

ふりかえってみれば、母親たちが育児不安や育児ストレスに苦しむ現象は、そもそも1970年代のコインロッカー・ベビー事件の頃に象徴的に出現したものですが、折しも女性の高学歴化や社会参加が言われ始めたのがこの頃でした。そうしたムードが社会に漂い始め、女性たちの意識もその方向に向かい始めてはいたものの、結婚し、子どもが生まれると社会参加とは真逆の世界に閉じ込められるのが現実でした。子育ての大切さも、子どものかわいさも十分わかっているのに、一方でなぜか充たされない思いと社会から取り残される虚しさに苦しむ女性たちの声の聴き取りから私の母性研究はスタートしました（大日向雅美『母性の研究』川島書店 1988 『新装版 母性の研究』日本評論社 2016）。

　「あい・ぽーと」がスタートしたのが、それから20年近く経った21世紀の初頭でしたが、母となった女性たちの苦しみは一向に解消されることなく、むしろ孤独という形で深まっていた時でもあったかと思います。母となって子育てに専念する日々は、育児に孤軍奮闘して心身の疲労がかさむだけではありません。社会からシャットアウトされる孤独に陥ることこそが、女性の苦しみの大きな要因になるということもあります。しかも、その孤独とは子育て中だけでなく、子育てが一段落した後も続くであろうと想像される孤独です。一旦、仕事を辞めると、二度と職場に戻れないだけでなく、社会のどこにも居場所が見つからないのではないかという孤独感なのです。収入もなく、雑誌 1 冊、自分のお金で買う自由がない暮らしがいつまで続くのか、老後の生活費を夫にだけ託す不安もあります。働きたいと思っても、子育てのために数年間ブランクがある女性の再就職は、女性活躍が言われている今なお厳しいと言えますが、「あい・ぽーと」が開所した当時はほとんど皆無に等しいのが現実でした。

　子育ては大切な仕事だと誰もが言います。家族のために尽くした家事や介護の経験も貴重です。そうだとしたら、人生の少なくない年数を子育てや家族のためにかけた経験を社会が活かすこと、しかも、有償の活動として、働く場を社会が創りたい。「あい・ぽーと」の"子育て・家族支援者養成講座"を開始したときの私の切実な願いでした。

ここでも疑問や反対意見が

なぜ、これほど高度な講座が？　どうせ子育て支援でしょ！

　こうした"子育て・家族支援者"養成の目的を達成するために、大切にしたことは講座内容を高度なものにすることでした。乳幼児保育・教育の専門的な知識や地域への理解、そもそも子育て支援とはいかにあるべきか等々のカリキュラムとシラバス作成に全力であたりました。同時に保育園や子育て支援センターでの実習も盛り込みました。当初、実習にあたって、東京都港区内のすべての公立保育園が協力してくださったことは、大変有難いことでした。そうして講義と実習を含めると１コマ90分講義を全部で30コマ、講座期間は毎週１日、３ヶ月間に及びましたが（講座の詳細は末尾の「資料編」をご参照ください）、ここでもいろいろな反対意見や疑問の声が寄せられました。

　まず「ここまで本格的な講座は必要ないのではないか」という声でした。その理由として「受講者は主婦が想定される。だとしたらもっと内容的にも簡単で、回数も３、４回で済むようなものでなくては受講者が集まらないのではないか」というものでした。加えて「地域の子育て支援になぜ、かほどに専門的な学びが必要なのか」といった声が寄せられました。

　地域の子育て支援に高度な内容は不要だとか、もっと簡便なものでなければ受講生は集まらないという意見に対しては、地域の子育て支援の難しさも、社会参画の機会を期待する女性たちの胸のうちもよく知らない人々の声だと思いました。この講座を受講して修了証を手にする人たちは、専門家ではありません。むしろ、地域で親子と隣り合わせて暮らす人たちが大半です。その人たちが助けを必要としている親子に手を差し伸べてこそ、本当の意味で地域の育児力が高まるのです。

　もちろん国家資格に裏付けられた専門職の支援は大切ですし、専門的な助言に親も素直に耳を傾け、従うことでしょう。一方、"子育て・家族支援者"さんの役割は基本的には助言でも指導でもありません。"傾聴"に徹して、寄り添うことです。助言や指示・説得ではないからこそ、悩み戸惑う親も安心して揺れながら、自分で答えを見出していく力をゆっくり育むことができるとも考えられます。そのプロセスで必要なことは、どんな相談にもじっくり耳を傾け、親が疲れているときには子どもを一時、預かってゆっくり

話し相手にもなることです。

　こうした"問題解決型"というよりは、むしろ"伴走型支援"の必要性は、長年、全国をまわって母親たちと言葉を交わし、育児不安や育児ストレスに悩む声を聴き続けてきた私の揺るぎない実感でした。地域の人がそうした支援力を身につけるためには、傾聴マインドへの理解・子育て中の親の暮らしや心理への理解・子育ての歴史と最新知識等々に精通していることが欠かせません。そうして考案した結果が、前述のような講義と実習を含めると全部で30コマ、講座期間は毎週1日、3ヶ月間に及ぶ講座となったのです。

こういう講座を待ち焦がれていた！

　この講座に対する疑問や懸念の声の中で、私が一番気に病んだのは「こんな都会で、わざわざ人のために貴重な時間を使って勉強し、活動するような人がいるだろうか」という声でした。それに対しては確信ある返事ができない、というよりも正直、私自身が最も懸念したことでした。

　ところがです、いざ募集を開始してみると、申し込みが殺到したのです。「こういう本格的な講座を待っていました」「学生時代のようにもう一度、勉強したかった。でも女性や主婦を対象とした講座は簡単なハウツウものばかり…。満足できなかったのです」「自分の子育て経験を地域で活かしたい。それが仕事にもなるのは、とても嬉しい」という声と共に期待に胸を膨らませて集まった人々の受講態度は実に真剣そのものでした。　8割以上の人が講義も実習も1日も欠席することなく、しかも、毎回、レポート課題もきちんと提出して、晴れて第1期生37名が誕生しました。

　第1期生の方々の思いをレポートの中から一部ご紹介します。

・専業主婦として5人の子どもを育てました。子育て中もずっと、"自分さがし"をしてきました。昨年、末っ子が中学生に。まだまだ私には気力も体力もある。今からでも遅くない。そう思って就職活動をしても、「働いた経験はありますか？　パソコンはできますか？　年齢がちょっと…」と言われるのです。子育てをこんなに頑張って、一区切りついたと思ったら、56歳、悲しすぎます。私のように子育てが一段落した人の経験を活かす場があるということに胸躍りました。社会に役立てる、有

償活動であることにさらに気持ちが引き締まります。

・講義や実習の日に、子どもが急に熱を出したり、園の行事が重なったりと、ピンチの連続でした。でも、幼稚園のお母さん仲間が応援してくれました。夫も仕事を休んで協力してくれました。こんなことは初めてです。信じられない気持ちでした。今回の受講は、夫や地域の人が支えてくれる有難さと大切さを実感する機会となりました。

　こうして2005年に東京都港区でスタートした"子育て・家族支援者"養成講座は、その後、千代田区等の4つの自治体へと波及し、10年後の2015年には1900名あまりの認定者が誕生し、それぞれの地域で素晴らしい活動が展開されることとなりました。

　そして、2015年、厚生労働省がこの"子育て・家族支援者"養成をモデルとして、全国共通の認定資格としての"子育て支援員"制度を制定し、全国各地でスタートが切られました。ちょうど10年前に、様々な疑問や懸念の声をうけながら始めた地域の人材養成が、こうして全国規模の、しかも厚生労働省の認定資格として認められたことは、言葉にできない嬉しさでした。暗中模索しながら共に講座の準備に奔走してくれたスタッフ、そして、多忙な中、講座講師として登壇して情熱的な講義を展開してくださった講師陣に深い感謝の思いです。なによりも、こうした私たちの呼びかけに参集し、真摯に学び、その成果を親子のために活かしてくださっている地域の方々に、どんな言葉で感謝を伝えたらよいか、思い浮かばないほどに有難い思いです。

シニア世代男性たちも参画

団塊世代男性が定年を迎える！

<u>育じいとそば打ちと陶器づくりだけ？！</u>

　こうして"子育て・家族支援者"養成が順調に運びましたが、ふと気づくと支援者さんのほとんどは女性でした。受講者募集に際して女性を求めたわけではけっしてありません。ただ、"子育て・家族支援者"という名称に女性が集まりやすかったことはあるかと思います。そして、女性の"子育て・

家族支援者”の皆さんはそれぞれの自治体で大変すばらしい活動をしてくださり、まさに各地の育児力向上に尽くしてくださっていました。

　でも、夢中で過ごしてきた10年余りを振り返って、ふと思うことは、地域や子育てひろばが女性と子どもだけというのは、どこかおかしいのではないか、ということでした。人口構成からしても半分いるはずの男性たちの顔が地域や子育ての世界に見えないのです。いったい男性たちはどこにいるのか？　そんな疑問を抱えていた時に、団塊世代の男性が定年を迎えるというニュースが流れました。

　“2007年問題”とか“2012年問題”という言葉が飛び交い始めたときでした。つまり、団塊世代の最初の1947年生まれの方が60歳を迎えたのが2007年。そして、団塊世代が年金をもらい始めるのが2012年でした。もっとも、実際にはこの世代の方々が一気に退職することはなく、企業も定年延長などを検討していましたが、いずれにしても、大量の職業人が仕事の第一線を退くこととなる時期と、地域や子育てひろばが女性と子どもだけになっているのがなにか不自然だと私が感じたときとが、ちょうど一致したのです。

　さて、これまで仕事一筋で生きてきた男性たちの定年後はどのような暮らしになるのでしょうか？　当時言われていたのが、“育じい”と“そば打ち”と“陶器作り”でした。そば打ちや焼き物などの趣味に生きることも、孫の世話をすることも、もちろんとても素敵なことです。現役時代には叶わなかった時間を手に入れることを切望する男性たちも少なくなかったことと思います。

男性問題も女性問題もコインの表と裏

　ただ、そうして手にいれた自由な時間がけっしてパラダイスではないという声も、漏れ聞こえてきました。図書館でゆっくり読書に親しむひと時も、ジムで汗を流す時間も、いつしか所在なげの時間つぶしに変貌し、現役時代にあれほどあこがれた自由な時間が苦痛の時間となることに愕然としているという声が私の耳に届き始めました。

　シニア世代男性がこれから直面する問題は、長く女性たちが苦しめられてきた問題と相似形ではないか、と私は思いました。子育てに孤軍奮闘し、や

っと一段落したと思ったとき、実は自分を受け入れてくれる場所が地域にも社会にも、どこにもないという孤独感に女性たちが襲われることは前述の通りです。同じことが男性たちに起こり始めている、と団塊世代の男性が定年を迎えるというニュースに接して思いました。女性は子育てや家事等に縛られ、仕事や社会の舞台から降ろされてきた。一方、男性たちは仕事人間として社会の舞台に縛られ、そこから降りることもかなわなかった。その結果、職業人生に終了のゴングが鳴らされた途端に、居場所のない空虚感に襲われる。女性は家庭と子育てに、男性は仕事に閉じ込められるという違いはあっても、人としてトータルな生き方ができないことから生じる問題は、男女に共通のことです。

　女性に対しては前述のように、"子育て・家族支援者"として、第2の人生を豊かに生きていただける仕組みを整えてきた「あい・ぽーと」でした。今度は男性たちを対象とした仕組みづくりに取り掛かろう。そうして着手したのが、団塊世代（シニア世代）男性を対象とした"子育て・まちづくり支援プロデューサー養成講座"です。定年後の時間の使い方に悩む男性の心理を鮮やかに描いた内館牧子氏の『終わった人』が刊行されたのが2015年、その後、映画化もされて、シニア世代男性の生き方が一気に社会問題化されていくこととなりましたが、「子育て・まちづくり支援プロデューサー」養成講座に取り組んだのは2013年。シニア世代男性の地域貢献等にはまだまだ認知度が低い時でした。社会の関心を向けてもらうために考えたのが、「ベテラン企業人が現役時代の名刺で勝負！」という副題でした。

現役時代の名刺で勝負！して

　このキャッチコピーに思い至るには、私のこんな思いがありました。

　あるときテレビを見ていたら、高齢者施設に入所している男性の方々が名刺交換ゲームをしていたのです。とても溌剌として楽しそうな光景でしたが、介護職員の方によると「男性の入所者の中には、私たち施設でよく行っている手遊びやゲーム等にはあまり関心を示さない人が少なくありません。でも、この名刺交換ゲームをすると、認知症が進んでいる人も、生き生きと楽しそうに参加してくれるんです」とのことでした。

この職員の方の言葉を聞いて、私はハッとしました。自分が歩んできた道のり、心血を注いできた時間は、大切な宝のはず。定年等を区切りとして、そこに終止符が打たれたとしても、心の中には大切に生き続けているはず。それは尊重されなくてはならないのではないかと。

　さらに、こうも思いました。団塊世代といえば、戦後の高度経済成長を築き、低成長期に入ってからは厳しい国際競争を生き抜いてきた世代です。企業人・職業人として培ってきた技術や経験は地域や国の大きな財産です。長年の経験と技術と知識を今度は地域の子どもや親のために活かしていただけないかと。

　一枚の名刺には、団塊世代・シニア世代の男性たちの長年の人生と生活、価値観が込められている。それを大切にしたい、しなければならないというのが、この世代男性の新たな地域・子育て貢献活動を支援する仕組みを立ち上げたときの思いだったのです。

　そうして2013年2月、六本木ヒルズのハリウッドホールで「子育て・まちづくり支援プロデューサー養成講座〜現役時代の名刺で勝負〜」がキックオフしました。

　行政担当者や首長・メディア関係者をシンポジストに迎え、各地から300名を超える方々が参加したこのシンポジウムでしたが、参加者の皆さんが口々に言われたのは、「現役時代の名刺で勝負！」のフレーズが心に響いたとのことでした。そして、このシンポジウムに続けて、シニア世代男性向けの養成講座開催へと駒を進めたのです。

　なお講座タイトルを「子育て・まちづくり支援プロデューサー」とし、「子育て支援」だけでなく、あえて「まちづくり」という言葉を加え、しかも「プロデューサー」としたところも、企業人・職業人という経歴を尊重する思いからでしたが、このタイトルも功を奏したのか、ここでも予想を上回る多くの方が受講してくださいました。

　講座の内容についても、"子育て・家族支援者養成講座"とは、異なるものも盛り込みました。いきなり地域活動といっても、この世代の男性にとっては地域は無縁の世界だった人が少なくないはずです。家庭と職場の往復だけの人生だった男性たちに、そもそも地域とは何か、そして、その地域に貢

献する活動とはどういうことかというところから学んでいただく必要があり
ました。何よりも、子どもや子育てについては全く知らないといっても過言
ではないことも容易に想像されることでした。

　一方、地域の側も、かつて企業人として仕事に専心した男性を敬遠する傾
向もありました。「自分は部長だった。課長だった」という、現役時代の肩
書きをかざしがちで、地域にはなじめない存在だとも言われていたのです。
ですから、こうした肩書きへのこだわりや不要な名誉心はそぎ落としていた
だくことも必要です。しかし、この世代の方々が、仕事を通して蓄積されて
きたものは、"肩書き人間の困ったプライド"だけではないと私は考えてお
りました。"営業""経理""人事""情報システム""総務や企画""製造・技
術"等々の部門で磨かれた豊かな発想とスキルと経験、そして組織人として
生きてきた見識があるはずです。そうしたものを地域や子どもたちのために、
どう活かしていただくかということをねらった講座だったのです。

眠れる中高年男性が目覚めた

<u>講座に駆けつけた理由はさまざま</u>

　シニア世代男性たちがこの講座を受講する理由はさまざまでした。

　まず、一番多かったのが、「定年後も社会とつながっていたい」。これはと
ても切実な理由かと思います。2つ目は「懺悔」でした。ご自分のお子さん
の時は何もしなかった。仕事に追われて、子育てをする余裕もなかったとい
うことです。妻や子どもに申し訳ないという懺悔派です。そして、3つ目が
「妻から行ってらっしゃいと送り出された」ということです。夫が定年を迎
え、長年、働いてくださったことに感謝する一方で、ずーっと家にいられる
と、昼食の準備からなにまで、手間がかかり、さらには自由に出かけること
もできないなど、妻たちもうっとうしいということのようでした。また、あ
んなに生き生きと仕事をしていた夫が、このままずっと家に閉じこもって、
徐々に生気をなくしていく様子を間近にみて、心配した妻たちも少なくなか
ったようです。

　そういえば、かつて定年を迎えた男性を女性たちが酷評した時代がありま
した。「粗大ごみ」「産業廃棄物」「濡れ落ち葉」「わしも族」などの言葉が流

行したことをご記憶の方もいらっしゃることと思います。仕事人間と化して、家庭を顧みることのなかった夫と共に過ごした人生の虚しさを、妻たちが積年の恨みを込めて揶揄した言葉です。男女共同参画の集いなどでこの言葉が紹介される度に、会場を埋めた女性たちから笑いが起きたものです。

　女性たちの思いに共感しつつも、私は男性たちの胸の内も思われてなりませんでした。夫婦の溝に苦しんだ月日を笑って揶揄するだけの余裕と力をつけた中高年女性たちの一方で、男性たちはどのような思いで、そうした声を受け止めてきたのでしょうか。

　シニア世代男性たちの哀愁に身がつまされるような思いでした。男性が自らの胸のうちを語る場面は、これまであまりなかったかもしれません。不満を明るく巧みに発散する術を身に着けていく女性たちの一方で、男性たちはただひたすら忍の一字のように黙りこんできたのかもしれません。

胸の内を吐露して

　その男性たちが、"まちプロ"講座で自身の胸の内を吐露したことは、とても印象的でした。講座の中で男女共同参画をテーマに講師を務めて下さった広岡守穂氏（中央大学教授）のリードで、心を解放された受講者の男性たちが、さまざまに心の内のつぶやきを綴り始めたのです。それを広岡氏がまとめ、茨木大光氏の作曲とうたで披露されたとき、一瞬、会場がシーンと静まりかえりました。その一つをここにご紹介しましょう。

　　いつも家族のことを思ってばかりいる　それなのにわたしの思いは
　　通じないことがある　悲しい　思いやりの押し売りといわれ
　　親切の押し売りといわれる　いつかみんなにわかってほしい
　　家族を思ってきたことを　みんなのしあわせだけをこころから願ってきた
　　それぞれの人生に幸おおかれと　　（広岡守穂　作詞　茨木大光　作曲）

　高度経済成長を支え、低成長期の厳しい国際競争を生き抜いてきた男性たちの心の叫びです。なぜ彼らはもっと早く語ってくれなかったのでしょう。子育てに孤軍奮闘し、疲労困憊してすがりつこうとする妻を、あたかも突き

放すかのようにして玄関のドアを開けて仕事に赴いていった夫たち。冷たい背広姿の背中しか見えなかった妻に、もしもこの詩がもっと早く届けられていたら…と思わざるを得ません。

　しかし、"まちプロ"講座に参加したシニア世代男性たちは、その後、元気に立ち上がっていきました。そうした姿を間近にみることができた喜びと共に「人生に遅いということはない。気づいたときがチャンスだ」ということを改めて実感しています。子どもの心理や成長発達、家族や地域のあり方等々、これまで職業生活一色だった方々にとって、まったくの別世界のことだったと思います。それだけに砂地が水を吸い込むように、真剣に学び、新しい知識を吸収して、無事、講座を修了した一期生誕生から、今年で"まちプロ"養成講座は９期を迎えて、たくさんの方々がすばらしい活動をしてくださっています。

ここでは反対はなかったけれど

　団塊世代・シニア世代男性たちの子育て支援・地域貢献活動については、前述した"理由を問わない一時保育"や"子育て・家族支援者"養成の時のような反対意見や疑問の声が寄せられることはほとんどありませんでした。むしろ、関心を持って聞いていただけました。団塊世代・シニア世代男性たちの定年後については社会的関心も高かったこともあったかと思います。

　でも、その一方で困ったことがありました。「あい・ぽーと」では私たちスタッフと一緒に活動してくださる支援者さんたちの活動はすべて有償であることを基本としています。それには次のような私の思いがあるからです。とかくこうした地域の方々の活動をボランティアとして位置づけて、それゆえに無償でいいと考える傾向が世の中には少なくありません。しかし、ボランティアとは自発的な意思です。地域や親子のために役に立ちたいという自発的な意思はとても尊いものです。でも、そのためにたくさんの学びをし、実際の活動では子どもの命を守り、その成長発達に手を差し伸べ、あるいは親の悩みに寄り添うという、心身ともに負荷の高い仕事をしてくださる方々です。ですから、「あい・ぽーと」では、有償活動を保障することを大前提として、行政からの補助金や委託費をいただくことに努めてきたのです。

その点、“子育て・家族支援者”の女性たちは、当初から有償で活動をしていただくことに、行政等の理解も得られて、活動費を補助ないしは委託としていただくことができました。ところが団塊世代・シニア世代男性たちの活動については、関心は持ってくださるのですが、当初、予算どりがなかなか進みませんでした。男性が果たしてどんな子育て支援や地域活動ができるのか、具体的なイメージがわかなかったのも致し方のないことだったと思います。面白そうでトレンディではあるけれど、まだ海のものとも山のものともわからない、実績もないものに行政が予算をつけることを躊躇するのも、もっともなことだったと思います。

　そうしたときに、大変有難かったのが企業からの助成でした。住友生命保険相互会社が“未来を強くする子育て支援”の一環として、以前から「あい・ぽーと」の活動を応援してくださっていたのですが、ご相談したところ助成金を新企画である“まちプロ”活動に充当することを快諾していただけたのです。

　団塊世代・シニア世代の多くは年金もありますし、必ずしも活動に経済的保障を求めていたわけではありません。でも、交通費はかかりますし、さまざまなプログラムを準備し、それを実際に活動に移していただくまでにかける時間と労力にもそれなりのお礼がしたいというのが、法人としてのせめてもの感謝の気持ちでもあったのです。

　やがて、この世代の男性たちの活動が少しずつ認知されてくると、依頼先から謝礼が出てくるようになりました。でも、そこでも困ったことが生じたのです。それは、支払い額は依頼先の事情によって非常にまちまちだったのです。

　“子育て・家族支援者”さんの保育活動の単価は概ね相応な額（時間給）を保障していただけたのですが、“まちプロ”さんたちの活動は、たとえば、ある地域の子ども祭り等の催しに何人行ったとしても、１回分ごくわずかしかいただけない依頼と、かたや一人ひとりに時給が出る依頼等の違いがあったのです。そこで考えたのが、“還元方式”でした。依頼先からいただいた謝金は一度、みんなで出し合い、そこから月ごとの活動時間にそって案分して支給するという方式です。これですと、依頼先によって交通費が出る出な

いにかかわらず、交通費は活動した全員に支払うことができますし、加えて支払われる金額の多寡にかかわらず、同一の活動には案分で分け合うことができました。もっとも、それでも不足分が出るときは住友生命保険相互会社の助成金を充てることができて、活動先からいただく謝金の多寡にかかわらず、活動に対しては公平な対応ができたのです。

　こうした方式も、概略だけ提案すると、いち早く具体的かつスムーズに実行していただけたのも、さずが職業人ならではの経験があってのことと感心することがしばしばでした。

2-1　港区子育て・家族支援者養成講座第Ⅰ期認定式

子育て・まちづくり支援プロデューサープロジェクト
キックオフシンポジウム開催　（2013年2月＠東京六本木ヒルズ）
　　　　　　　　　　　　　　　　～住友生命保険相互会社助成事業～

住友生命社長の挨拶

市長・行政担当者らをシンポジストに300人を
超える方々にお集まり頂きました！

2-2　まちプロ養成講座キックオフシンポジウム①

2-3　まちプロ養成講座キックオフシンポジウム②

2-4　まちプロ活動の紹介

シニア世代男性たちの
職業人ならではの気配りと
さらなる活躍

第3章

講師への質問も礼儀

　女性と子どもたちから成り立っていた子育てひろばや地域が、元企業人・職業人の男性たちを受け入れるのは、さぞかし大変なことではないかと思われるかもしれません。正直、私にも懸念がまったくなかったかというと、それは嘘になります。でも、違和感や葛藤よりもはるかにたくさんのことを学ばせていただいています。

　その一つは講座を受ける彼らの姿勢です。遅刻は皆無といっても良いかと思います。大半が開始10分前には揃っています。「信用を築くには何年もかかります。でも、失うのは一瞬です。日常の会議から大事な取引等に至るまで、時間を守る大切さは職業人の身体にしみこんでいます」とのことでした。

　また、どの講座でも、最後の質問タイムのとき、講師が「今日、お話したことで何かご質問がありますか？」と尋ねると、即座にいくつもの手が挙がります。受講生の大半が女性の“子育て・家族支援者養成講座”ではあまり見られない光景です。質問がある場合は、あとで個別に来ることはあっても、皆の前で手を挙げるということは、私自身にあてはめてみても躊躇します。でも、講師の立場になってみれば、個別に受けた質問の中には、もし皆さんの前でしていただけたら、他の方のためにも有益だったのではないかと思うこともしばしばです。ところが、団塊世代・シニア世代の男性たちは、講義時間の中で、皆の前でためらうことなく手を挙げてくれるのです。それは講師への礼儀の精神もあると、ある受講生が教えてくれました。時間をかけて講義の準備をし、丁寧に説明をしてもらった以上、それに応えるのが受講者のマナーであるということは、長年の企業研修などで培われたものだったということです。

　絵本についての講座では、こんなエピソードを講師から聞きました。2コマにわたって、絵本についてさまざまな解説をした後、残された時間で、「どなたか実際に絵本の読み聞かせをしてみませんか？」と呼び掛けたところ、即座に何人かが手を挙げ、実際に皆の前で読み聞かせに挑戦したそうです。この世代の男性にとって、絵本は縁遠い世界のはずです。わが子にも読んで聞かせたことなどない人がほとんどだったようですので、さぞかし勇気の要ったことと思います。「その方たちはお上手でしたか？」と思わず先生

に尋ねてしまいましたが、返ってきた言葉は「いいえ、けっして、お上手とは…（笑）。でも、どの方も味があって素敵でしたよ。一所懸命やってくださって、嬉しかったです。講義をした甲斐がありました」。

　私にも「講義をした甲斐があった」という気持ちにさせられたことがありました。それは"子育て支援施策の経緯"について講義をした回のことでした。施策や法令の話は内容的にも堅くてつまらなくなりがちですが、子育て支援について学ぶためには、避けては通れない必須の要素だという思いで、講座の冒頭でお話をさせていただきました。その時です。講義の最後に受講生の一人が手を挙げて、こう言われました。「これは質問ではなく、私の感想ですが、よろしいでしょうか。私は長年企業で働いてきましたが、企業の事業計画は四半期を単位として、PDCAも1年、長くてもせいぜい2年程度を単位とするものでした。でも、今日、日本社会の少子化対策・子育て支援施策についての講義を受けて、四半世紀をかけて構築されてきたと知りました。なんと壮大なロマンのあることかと思いました。そうして出来上がり、それをこれからさらに磨きをかけていこうというまさにその時に、地域の子育て支援者として居合わせたことを、実に幸せに思いました」。

職業人ならではのエピソードの数々

　この方の感想は私にとって、忘れられないほど嬉しい言葉でした。日本社会が少子化に気づいて対策に着手した1990年の1.57ショックから、2015年の"子ども・子育て支援新制度"の成立に至る経緯は、日本の少子化対策・子育て支援の集大成であって、行政や関係団体・有識者たちが心を一つにした世界にも誇るべき足跡だという思いが私にはあります。ですからこの方の感想に、子育て支援施策にかけた私たちの思いを見事につかんでいただけたという嬉しさを覚えました。（大日向雅美「子育て支援のこれまでとこれから」『発達』140、ミネルヴァ書房　2014）。

　シニア世代の男性たちから学ぶことは、この他にもたくさんありました。それは議論の仕方です。活動にあたっては、なにぶん初めてのことばかりです。活動方針もその具体的な内容も、決めなくてはならないことが山積していましたので、当初は幾度も打ち合わせのための会合の場を設けていました。

時には激しい意見のぶつかりあいもあって、これも女性たちが大半の"子育て・家族支援者"の会ではほとんどないことでした。「ここまで言うの！」と思うほどの言葉の応酬もときにはありましたが、そんなとき、きまって最後に「先生はどう思われますか？」と聞いてくださいました。いつもお答えできるとは限りませんでしたが、少なくとも地域の子育て支援や子どもたち・親たちのことについては、私なりの思いもありますし、スタッフと共に築いてきた「あい・ぽーと」の足跡に基づいて率直に考えを伝えさせていただきました。すると、「了解！」の言葉で、激しいやり取りが収まるのです。もちろん、解せない気持ちを抱えて帰ることもあったかと思います。帰路にお酒の席でうっぷんを晴らすこともあったかと思いますが、少なくともその場は気持ちよく収めてくださったことが幾度もあって、これも感謝しかありませんでした。

　もう一つ、これは笑えるエピソードですが、認定式を間近に控えたとき、何人かから、「ドレスコードを決めてほしい」という声が寄せられたのです。つまり、ジャケットとネクタイは必須かどうかということでした。企業などでは当然のたしなみなのかと思いますが、「認定式のドレスコートは？」などという声は、これまた女性たちの"子育て・家族支援者"の認定式では一度も上がらない声でした。

　ちょうど真夏だったこともあって、ジャケットやネクタイの必要性について迷われたのでしょう。「行政からの来賓もいらっしゃるし、主だった講師も駆け付けてくださるので、一応、それを踏まえて」とお伝えしたところ、全員、ジャケットを着用しての認定式となりました。

江戸開府四百年の地で花開く

<u>千代田区麹町に２つ目の「あい・ぽーと」</u>

　こうして始まった団塊世代・シニア世代男性たちの"子育て・まちづくり支援プロデューサー"活動ですが、やがて活動範囲が東京都港区から千代田区へと展開していきました。

　NPO法人あい・ぽーとステーションは、東京都港区青山の子育てひろばに続けて、2016年に千代田区立保育園の跡地を活用して、子育てひろば「あ

い・ぽーと」麹町を開設しました。こちらは区立保育園の建て替えに際して、一時的に仮園舎として利用されていたものです。新しい園舎ができて保育園はそちらに移っていったのですが、仮園舎といっても立派な建物で、まだまだ十二分に利用可能な建物でした。千代田区には児童館内での子育てひろばはあっても、青山の子育てひろばのように独立した施設がないことから、区民からも跡地を活用した子育てひろば新設を求める声が上がったのです。そこで今回も公開プロポーザルで事業者を決めるという方法がとられました。港区青山での10年余りの実績から、「あい・ぽーと」もプロポーザルに参加してほしいという声が寄せられたこともあって、応募に臨みました。当然とはいえ公正を期してのプレゼンで、大変な準備ととても厳しい審査を受けた結果、詳細な点数開示という形で区のHP上で結果が報告されました。青山でのプロポーザルから10余年、全国的に子育て支援事業の公募はこういう形にまで進化したのかという感慨もありましたが、晴れて事業を受託し、法人の二番目となる子育てひろば「あい・ぽーと」麹町を開設することができました。

　この子育てひろば「あい・ぽーと」麹町のプレゼンで私たちが主張したことは、子育てひろば「あい・ぽーと」青山と基本的には全く同じでしたが、同じく都心であっても青山と麹町とでは地域性も住民の方々の暮らしぶりも異なります。とくに千代田区は江戸開府以来、四百年の歴史に紡がれた地域の方々の絆の強い地域です。子どもたちを見守っていただくためにも、子育てひろばを地域に開いていきたいと思いました。

　具体的には、親子だけでなく、地域の方々も自由に気軽に出入りしていただける喫茶店のようなものを1階に設けることでした。青山をオープンしたときから、施設のさまざまなカラーコーディネートやイベントでの催しで参加してもらっていた画家と青山で設備整備をしてくれていた木工デザイナーとの共同作業で作り上げたのが"藍カフェ"でした。

"まちプロ"さんがカフェマスターに！

　そして、この"藍カフェ"でなんと、"まちプロ"さんたちがカフェマスターになったのです。現役時代は、コーヒーはだれかに淹れてもらって飲ん

でいても、自分で淹れたことはめったにない人がほとんどでしたから、特訓を要しました。コーヒー専門店から講師を招いて、コーヒーの淹れ方をはじめとしてさまざまな研修を受けてもらいました。

　未経験ということは、これほど何もわからないということかと、当初は女性スタッフや女性の"子育て・家族支援者"さんもあきれるばかりでした。とりわけ同時にいくつものことをこなすことに戸惑っている姿は印象的でした。いくつものことといっても、たとえばポットのお湯を沸かしながらカップを温め、コーヒーの分量を量り、時折入る新たな注文を取るということなのですが…。キッチンでまごまごしているまちプロさんたちの姿をほほえましく見つつ、陰では「私たち女性はキッチンに立って、お料理をしながら、まとわりついてくる子どもの世話をしたり、夕食の準備をしつつ明日の子どものお弁当の下ごしらえをするなんて日常茶飯事なのに、男性って…」と陰口をたたいたりしていました。

　当初のこうした光景は今となっては懐かしく笑えるエピソードです。どのまちプロさんも、すばらしいカフェマスターになっています。

　子育てひろば「あい・ぽーと」麹町は、青山と同じように、"ひろば"や"理由を問わない一時保育"をしています。また青山にないものとして、小規模保育室も同じ施設内にあります。一時保育を利用したり、小規模保育室に託している子どもを迎えに来た親が少し早く来て"藍カフェ"でコーヒー片手に寛いでいる姿もみられます。子どもをひきとって帰宅した後には夕食をとらせ、お風呂に入れて寝かしつける等々の慌ただしい時間が待っていますが、その前にしばし心と体を休めているようです。また"ひろば"で過ごしているママたちがお茶の時間に"藍カフェ"に来て談笑することもしばしばです。同じ空間に近所に住む高齢者の方やサラリーマンの方々もいらして、"藍カフェ"は当初めざしたように、地域の交差点としての機能をはたすようになっています。

　この"藍カフェ"でお出ししているものは、コーヒーとパン、そして、季節のスープといった軽食だけですが、その魅力は何といっても、カフェマスターの"まちプロ"さんたちにあることは言うまでもありません。

"まちプロ"さんとして愛されるやさしさ

さすが人生の達人

　親も子もこの世代の男性たちを敬遠するどころか、"まちプロ"さんと呼んで、自分の父や祖父のように慕い始めました。そこには、"まちプロ"さんたちのやさしさがあったからだと思います。

　"藍カフェ"が順調に運び出したとき、この場所の活用はもっと他になにかあるのではないかという思いがスタッフや"まちプロ"さんたちの間から起こってきました。そこで、提案されたのが"子ども食堂的な活動"（"わい・あいカフェ"）です。

　"ひろば"も"藍カフェ"も夕方にクローズしますが、例えば学童保育等を終えた後、いろいろな事情から家で一人で過ごしたりしている子どもたちを受け入れて、一緒に遊んだり夕食をとったりしてはどうかという提案でした。区にご相談したところ、了解をいただけて、児童・家庭支援センターでかかわっているお子さんたちを紹介していただけたのです。大都会でおしゃれな街、千代田区ですが、家庭の事情はさまざまです。放課後児童クラブ等が終わったあと、一人で留守番をする子、家庭でゆっくり食事をとることがなかなか難しい子たちを迎えました。回数は月に数回程度でしたが、この企画もスタッフと共に"まちプロ"さんたちが担ってくれました。時折、私も参加しましたが、"まちプロ"さんたちの何気ない振る舞いに胸打たれる思いが幾度もありました。

　その一つ。中学生の男子を受け入れた時のことでした。その子はクラブ活動を終えた後に"わい・あいカフェ"に来て、夕食までの時間、宿題やワークブックに取り組んでいました。私は国語のワークブックを一緒にしてみましたが、これがなかなか面白いのです。クイズ形式で四字熟語を回答したり、漢検テストめいたものもあったりして、ついつい夢中になって一緒に問題を解いていたのですが、一時間ほどしたときに、今度は数学をやるというのです。中学生の数学といっても、なかなか難しそうでしたので、そばにいた"まちプロ"さんに「今度は数学をやるんですって。見てあげてくれますか」と言って、バトンタッチしようとしました。ところがそのまちプロさんは問題を見てこう言ったのです。「随分難しい問題をやるんだね。すごいな、

君。おじさんにはできそうにないな」。その方は理系の出身で、そちらの方面で長年、仕事をしていらした方です。一瞬、解けないなんて嘘？　と思ったのですが、その中学生はやおらワークブックと格闘し始めたのです。「こんなの簡単だよ」と言いながら、数学のワークブックに夢中に挑戦し始めたその子を、嬉しそうに見ていた "まちプロ" さんの温かなまなざしが印象的でした。

あとから聞いたことですが、同じ区内で大学生たちがやってくれている子ども食堂もあって、そちらも子どもたちにとても人気があるそうです。年の近い学生が相談相手になってくれたり指導をしてくれたりする魅力があるのだと思います。でも、その子は「大学生のお兄さんたちは、僕が問題を解く前に解いてくれちゃうんだ。そして、簡単だろと言うんだ。そう言われると自分は頭が悪いなと、がっかりしちゃって」。

教えたり支援したりするということは、難しいことだと思いました。子どものタイプもさまざまですので、多様なかかわり方が必要かと思います。大学生たちが若くてフレッシュな感性で子どもたちにかかわってくれて、かたや人生の達人のようなシニア世代の "まちプロ" さんたちがいる、両方がそれぞれの持ち味を発揮していることはすばらしいと思いました。

豊かな人生経験には山もあれば谷もあったから

人生の達人のようなシニア世代の "まちプロ" さんたちですが、そうした境地に到達するまでには、"まちプロ" さんたちのけっして一筋縄ではいかなかった職業人としての人生があったことを考えさせられるエピソードもありました。

あるとき、一人の "まちプロ" さんが私にポツンと言われました。「今、不登校の子どもが増えていて、親や先生も頭を抱えているようだけど、私はそういう子に、何がなんでも学校に行けとは言えないですね。長く働いていると、会社に行きたくなくて、どうしても身体が動かないような苦しさを味わうのは、誰しも一度や二度ではないんです。だから、不登校の子の気持ちもよくわかるんですよ。もっとも、こういう気持ちで接したからといって、何の役に立つかと言われると、それまでですけどね」と。

苦笑しながら話してくださるその"まちプロ"さんの言葉を聞いて、今、子どもたちが一番求めていることの一つは、こうした柔らかなまなざしではないかと思いました。職場などのさまざまな場で山あり谷ありの人生を経験してきた人ならではの確かなやさしさではないでしょうか。

　さて、先ほど私と一緒に国語の問題を解いた中学生の男子に、最後に「紙、ください」と言われました。咄嗟にこの子は学習用の紙が欲しいのかと思って、新しい白い紙を渡そうとしたのですが、「いや、新しい紙でなくて、その紙、それください」と指さした紙には、四字熟語や故事成句など、私の乱雑な文字が書かれた紙でした。「こんなにぐしゃぐしゃに書き散らした紙なんて、持っていかないで」という私の言葉を無視して、大切そうに四つ折りにして制服のポケットにしまい込んだ姿もまた忘れられません。子どもたちは何を求めているのか、そんなこともあまり意識することなく、日ごと、子どもたちを教えて導こう、何かを与えようと、そればかり考えていたことを振りかえさせられた瞬間でした。

　"まちプロ"さんたちは、"藍カフェ"のほかにも、千代田区内にある"障害のある中高生の放課後居場所作り事業"や"フレンズビレッジ千代田"で、あるいは港区では子育て相談員（"子育てコーディネーター"）として、活動しています。人生の達人たちのやさしさが、これからもいろいろな場で花開くことが期待されています。

"まちプロ"さんたちの Before After

　こうした深味のある"まちプロ"さんたちの活動ぶりに接して、"まちプロ"になる前、どのような仕事をしていたのか、興味がでてきます。また"まちプロ"活動をしてみての感想も是非知りたいところです。そこで一言メッセージとして綴ってもらいました。"まちプロ"さんについて紹介した本章の最後としてご覧ください。

（元の職⇒"まちプロ"活動をしてみて）

〇新聞製作の現場に40年。国会で政策作りにも取り組む⇒"まちプロ"は、中高年のスタートアップの場。子どもたちとの触れ合いが、地域に活力を生

むことを日々実感しております。

○商社勤務。50歳代で大学院で福祉を学ぶ⇒"まちプロ"になって皿洗いが大得意になりました。妻に喜ばれております（笑）。

○現役時代は、麻雀、酒、ゴルフが必須科目だった⇒早朝の保育園送迎、オムツ交換、手遊び歌。必須項目が次から次に増えて、楽しんでおります。

○合繊メーカーに勤務⇒"子どもたち"という、会社にはいなかった人たちがいて、それがすごくかわいいんですね。この子たちの将来のために、本当に思いやり深い社会を作って行きたいなと思っています。

○広告・宣伝・販売促進の企画制作会社経営⇒「あい・ぽーと」に来て、子どもと接するには真心で丁寧にということを学びました。

○消防の仕事⇒多くのお子さんたちから、いろんなことを教わって、充実した生活を送らせて頂いております。

○通信会社に勤務⇒子どもたちの成長の早さに驚きながら、日々、成長する喜びを感じております。私には子どもはいませんが、そういう機会を与えてくれた「あい・ぽーと」には感謝しております。

○出版社に勤務⇒毎日、お子さん・ママたちからすごーいエネルギーをもらい、楽しくすごさせていて頂いております。

○広告会社でＰＲプロデューサーとして勤務⇒今、ギターを弾いて、子どもたち、お母さん・お父さんたちと一緒に歌をうたって楽しんでいます。

○百貨店で美術品や宝飾品の販売計画や予算管理を担当⇒現在もまだ仕事は続けているのですが、"まちプロ"活動の日々を楽しみに毎日すごしております。

○テレビディレクターとして、バラエティー番組等を制作⇒今は、赤ちゃんのミルクを作っています。とても楽しい毎日を送っています。

○インテリア・ディスプレイ業界で「ディズニーランド」や「つくば博」等を担当⇒今は子どもたちに、ハーモニカを聴いてもらっています。

○メーカーで、新しいビジネスを作る仕事を担当⇒これからは、子どもたちやお母様方と何か新しいビジネスを作ってみたいなと思っています。

○造船鉄鋼の"硬い"商売をやっておりました⇒今は、折り紙など"柔らかい"遊びをお子さん・親御さんと一緒に楽しんでおります。

○高校で社会科の授業をチョーク一本でやっておりました⇒今は、ハーモニカおじさんになって、子どもたちと一緒に歌ったり踊ったりして楽しんでおります。

○保険会社に勤務⇒子どもたちから、喜びとやりがいをもらっています。

○博物館や美術館の展示ディスプレイの会社で営業を担当⇒子育てとは全く無縁だった私が、今、こういう活動をやって、「なぜ？」と家族から言われております。

○タイヤメーカーの現役⇒平日はタイヤメーカーに勤めながら、週末は、この"まちプロ"活動に参加しています。お子さんたちと一緒に、お誕生日会や野菜作りを楽しんでいます。

○広告会社勤務⇒現役時代は遊んでばかり。今は、孫のような子どもたちに遊んでもらっています。

○公務員⇒退職３年前に児童館の職員として子どもたちと関わり現在になります。日々の活動を楽しみにしております。

○小学校の教員⇒"藍カフェ"でコーヒーを入れたりしております。上手になりました。

○ローカルテレビ局（Ａ）に勤務⇒今、新しいことを吸収するのに忙しくて、ぼんやりしている暇がありません。

○公務員⇒現在も現役で自営業をやりながら"藍カフェ"でコーヒーを入れています。大分、上手になりました。

○大学教授。機械工学専攻⇒子育て支援とシニア男性は、非常に相性が良いと思います。今、まちプロ活動を楽しんでいます。

○航空会社に勤務⇒"藍カフェ"で、お母さんとお子さんに、飲み物を提供して、楽しく触れ合っています。

○化粧品会社に勤務⇒昨年からは「あい・ぽーと」の"子育て支援員"として、一時保育を中心に活動させて頂いております。"まちプロ"活動を通じて、また幅広い子育て支援が出来たらなと思っております。

○不動産会社の現役⇒お子さんとお母様とのかかわりあいを勉強していきたいと思います。

○ローカルテレビ局（Ｂ）に勤務⇒とにかく子どもが好きです。自分の孫育て

に活かしていきたいなと思います。

○建築会社で45年間、現場監督⇒あまりにも環境が違いまして、びっくりしながら、驚きながら楽しんでおります。

○広告代理店で13年、保険代理店で23年。今も現役⇒仕事の経験を活かして、お手伝いを出来ればと思っております。

○自動車会社で広報・渉外担当⇒この研修を受けるに際して家で笑われましたけれども、今、"藍カフェ"でコーヒーを入れたり、"まちプロ"タイムでお子さんたちと遊んだりハーモニカを吹いたりして、何とか楽しく頑張っています。

○ネクタイの製造販売⇒結婚式用のネクタイを売りましたので、今後は生まれたお子さんのバックアップに専念したいです。

○小学校の教員⇒活動を通して子育てには、たくさんの方の支援が大切だということを実感しました。

○アパレルの会社を経営⇒子どもたちの成長の速さに驚きと感動を覚える日々です。

○航空会社にパイロットとして勤務⇒現在は大学院で学びながら、並行して"まちプロ"に参加させていただいています。第二の人生をいきいきと歩む先輩方のように、自分も充実した日々を送りたいと思います。

○金融機関６年　IT関連３年　通信業界現役⇒"藍カフェ"をメインにやってます。"まちプロ"タイムも頑張ってやってます。 まだまだこれからです。

○放送局に42年間勤務⇒「そよ風のように爽やかで陽だまりのように温かい支援」を心がけます。

○営業職⇒子どもたちの神秘や未知を考えさせられる仕事に、60歳を過ぎて携わることができ感謝です。

3-1 受講光景①

3-2 受講光景②

3-3 受講光景③

3-4　受講光景④

3-5　まちプロ認定式①

3-6　まちプロ認定式②

3-7　子育てひろば「あい・ぽーと」麹町の藍カフェ

3-8　木の温もりに包まれた藍カフェ

3-9　カフェマスター姿のまちプロさん

3-10　利用者でにぎわう藍カフェ

3-11　藍カフェのインテリア

3-12　藍カフェのメニュー

3-13 わい・あいカフェ

3-14 子育て相談室

3-15 子育て相談室でのまちプロさん

3-16　まちプロ5周年記念シンポジウム～ Before After を語る①

3-17　まちプロ5周年記念シンポジウム～ Before After を語る②

3-18　まちプロ5周年記念シンポジウム～ Before After を語る③

3-19　まちプロ 5 周年記念シンポジウム〜 Before After を語る④

3-20　まちプロ 5 周年記念シンポジウム〜 Before After を語る⑤

3-21　シンポジウムを終えて

~私の Before After~

3 -22　まちプロさんのアルバムからひろった Before After

中高年女性たちも
水を得た魚のように

第4章

国家資格の保育士ではないけれど

　"まちプロ"さんたちが前章でご紹介したようにのびやかにすばらしい活躍ができたのは、"子育て・家族支援者"さんたちの先陣を切った活躍があってのことです。この方々が地域の子育て支援を地域の人が担うという素地を整えてくれていたからにほかなりません。必ずしも保育士という国家資格の所持者ではない地域の人が、「あい・ぽーと」の"子育て・家族支援者"として、"理由を問わない一時保育"や"ひろば"の運営に確かな成果をあげていてくれたことは、とても大きな意味があったと思います。

　もっとも地域の人（その多くは女性でしたが）が"子育て・家族支援者"として、地域の親子に認められ、行政の方々からも評価をいただけたのは、自画自賛のようで恐縮ですが、何と言ってもこの養成講座の質の高さにあったと思います。

　講座開講に際して、当初、かほどに高度な内容の講座が必要なのか、地域の主婦が受講しやすい簡便なものでなければ受講する人はいないのではないかという疑問の声があったことは、前述の通りです。しかし、こうした疑問の声はほどなく消えていきました。この講座に向ける私たちの思いと願いに賛同してくださった友人・知人が講師としてかけつけてくださり、実にすばらしい講義を実施してくださったのです。私は可能なかぎりすべての講師のお話を聞かせていただきましたが、子育て支援に必要な知識と技術をしっかり押さえていることは無論ですが、その背景に一人一人の講師の長年の研究や実体験に基づいた豊かなエピソードが盛り込まれていて、時間の経つのも忘れて思わず聞きほれることがしばしばでした。テキストの紙背からにじみ出るような含蓄ある講座内容に受講生の皆さんが吸い込まれるように聞き入っていました。そうした受講生たちの口コミもあって、第一線の講師陣からなる講座内容のすばらしさはまたたく間に広がっていきました。ときにはこの講座は一人あたり数十万円にも値するもので、できたらうちでひきとらせてほしいという、エージェントからの声も寄せられたくらいでした。

　しかし、厄介だったのは、保育の専門領域の方々の拒否反応でした。

　忘れられない思い出があります。ある地域で開催された保育士研修の日のことでした。その地域あげて力を注いだ企画だったのでしょう。企画をした

保育園の園長先生方が大変な熱意と好意をもって迎えてくださいました。優しい園長先生方で楽しいひと時を過ごすことができました。研修終了後は空港まで見送りもしてくださいました。互いにすっかり打ち解けた安心感もあってのことと思いますが、一人の園長先生がこう言われたのです。「大日向先生はNPOで地域の人を"子育て・家族支援者"として養成され始めたということですが、大変なことをなさいましたね」と。ねぎらってくださったとばかり思っていたところ、「気を悪くされたらなんですけど、率直に言わせてくださいね。保育士の資格もない人たちと、私たち保育士が一緒に保育できるだろうか、難しいなと、私たちはお断りしたいというのが正直な気持ちなんですけどね」。

　国家資格としての保育士さんたちの誇りと自負をにじませた言葉の前に、どう答えたものか、正直で率直な方々なのだと思いつつ、愕然としたことをよく覚えています。

　ただそのとき、ふと思い出したのが、この講座講師を当初から担ってくださっている汐見稔幸先生が、第1期生の認定式で言われた言葉でした。「保育士はいまでこそ国家資格になっています。でもかつて、子どもの保育は女性ならだれでもできる、勉強も資格もいらない、子どもを産めばみんな母親になって育児をしているではないかといわれて、資格はおろか、保育の学びの必要性も認められなかった時代があったんです。それがやがて"保母"となり、その次には女性だけでなく男性たちも加わって、今、"保育士"として国家資格にまでなっています。"子育て・家族支援者"の皆さんは、いまでこそNPO法人の認定に過ぎないかもしれません。でもきっと、いつか必ず、地域の人が担う子育て支援の意義が明確に理解される日が来るはずです。そういう日が来たとき、あのとき『あい・ぽーと』が始めた"子育て・家族支援者"養成がそのルーツだったといわれる時が来ると僕は信じています」。

　その後、"子育て・家族支援者養成講座"開始から10年の時を経て、2015年に厚生労働省の"子育て支援員"資格となったのです。"子ども・子育て支援新制度"発足（2015年）に際して参議院の公聴会に参考人として招聘されたとき、議員の方々から「大日向先生が始められたNPO法人あい・ぽーとステーションの"子育て・家族支援者"養成を、厚生労働省の認定資格

"子育て支援員"のモデルとさせていただきました」と言われました。この"子育て支援員"制度策定の座長を務められたのが、汐見稔幸先生でした。

「あい・ぽーと」の歩みは"子育て・家族支援者"さんと共に

<u>保育士さんと支援者さん</u>

こうして開講当初はいろいろとあった養成講座ですが、この講座を受講し、認定を受けた"子育て・家族支援者"さんたちの活躍なしに20年近い「あい・ぽーと」の歩みを語ることはできません。

まず"理由を問わない一時保育"では、一緒に活動する保育士さんたちから指導をいただいたことは言うまでもありません。当初、「あい・ぽーと」の一時保育で保育を担ってくださっていた保育士さんたちにも、地域の支援者さんと一緒に活動することに抵抗がなかったとは言えなかったかと思います。それだけに、私は勉強会やカンファレンスを頻繁に開いて、「あい・ぽーと」の理念と"理由を問わない一時保育"の必要性を語り続けました。頭では理解してくださっても、個別事例になると、やはり「なぜ母親がそんな理由で子どもを預けるのか」と戸惑われたりする姿を見ることも少なくありませんでした。

「あい・ぽーと」開設当初は、こうした保育士さんたちとのある意味、闘いであったと言っても過言ではありませんでした。しかし、子どもの保育には本当に心を尽くしてあたってくださり、支援者さんたちに的確な指導をしていただけたことは、とても有難いことでした。「一人の子だけ見るのではなく、もっと周囲の子への目配りを…。あまり先回りして子どもがしたいことを奪わないで…。保育中、子どもと一緒に遊ぶために床に腰をおろすときは、背中は壁に向けることはしても、他の子どもたちに背中を向ける位置には座らないで…。おむつ替えや哺乳の記録は丹念正確に…」等々。保育士さんからのこうした指摘は、支援者さんのOJT（"On the Job Training"の略称。新人や経験の浅い人に実務を体験させながら仕事を覚えてもらう教育手法）にとってかけがえのないものだったのです。

バックアップ研修も「あい・ぽーと」ならでは

　"子育て・家族支援者"さんたちに対して、当初から今日に至るまで毎月バックアップ研修を欠かさず行っていることも、支援者さんたちの活躍の支えになっていると思います。保育に必要な知識や技術は養成講座でしっかり学んでいただいてはいますが、どんなに学んだとしても、現場に出れば理解が十分でなかった、もっと新しい知識が必要だということがあります。「もっとこういうことを知りたい」等のリクエストに応える講座を毎月１回、定期的に開催しています。また活動から生じたさまざまな疑問や課題を皆で共有し、そこに私も参加してお答えする"Ｑ＆Ａ講座"も設けています。

　講座を修了して認定資格を得た後も、こうしたバックアップ講座を毎月開催して、支援者さんの知識や技術・マインドの維持向上に努めていることも「あい・ぽーと」の講座の特徴です。この講座への出席もまた認定資格更新要件とするなどの仕組みを整えている中で、支援者さんが地域の子育て・家族支援や一時保育のかけがえのない担い手として成長してくださったのだと思います。

　たしかに支援者さんは大学・短大、あるいは専門学校の保育士養成課程の修了者ではありません。しかし、人生のプロでした。そこに保育や子育て・家族支援について、十分な学びを積み重ねた方々ならではの滋味が発揮された活躍を見せてくださっています。

　第１章でご紹介した、「理由を問わない一時保育」（青山は「あおば」　麹町は「こみち」）での受け入れに際して、日々、親の心に親身に寄り添う対応をしてくれていますが、それがコロナ禍でいかんなく発揮されたことは前述の通りです。やむを得ず"不要不急"のお預けではないことを確認したときに、受話器の向こうで息をのむ母親たちの気配に胸が痛いと訴えてくれたスタッフも、"子育て・家族支援者"さんから常勤スタッフになってくれた人たちでした。

春先の大雪の日のエピソード

　また、こんなエピソードもありました。春先に珍しく東京地方に大雪が降った日のことです。バスや地下鉄、ＪＲなどの交通機関が間引き運転となり、

やがて運転中止の可能性も危ぶまれた段階で、区から子育てひろばを早めにクローズするよう指示が届きました。大学に勤務する私のところに、スタッフからその旨を報告する電話がありました。私が咄嗟に尋ねたのは「今日、一時保育は何時までありますか？」でした。利用者さんの安全を守ることは無論ですが、私には同時にスタッフ・支援者さんの安全を守ることも大切な役目です。返ってきた答えは「21時まで、です」。なんということでしょう。この大雪で21時までお預かりしたら、スタッフや支援者さんの帰路が危ない。思わず「お預かりの理由は？」と尋ねてしまいました。理由を問わないとしても、あくまでも TPO あってのことだと考えてのことでした。

　スタッフ：「お申込み時には、リフレッシュと書いてあります」。

　私：「なんですって。こんな時に、リフレッシュ？！　そのお母様にお電話して、今日のお預かりをやめていただくか、早めに迎えてきていただくようにしてください」。

　スタッフ：やや間を置いて「はい」。

　数分後に私からスタッフに確認の電話を入れたところ、「やはり予定通り預かってほしいとのことです」。

　私にはわかっていました。スタッフは私の指示通りに電話はしてくれたのです。でも、けっして強い口調では言っていません。おそらく「ご予定通りですか？」程度の言い方だったのではないかと思います。「なんということ」と焦りを抑えきれずに、次の言葉を発しかけたとき、そのスタッフが遠慮がちに、しかし、しっかりした口調でこう言ったのです。「保育担当のシフトを変えます。電車やバスを使わないと帰れない人には、これから帰っていただきます。代わって、ここから徒歩で来ることができる支援者さんたちがシフトに入ってくださることも可能なのですが、そのようにしてはいけませんか？」。

　そして、次のような言葉を続けてくれたのです。「リフレッシュといっても、どんなリフレッシュかはわかりません。でも、その予約を取るのが大変だったのではないでしょうか。そちらの予約と一時保育の予約がうまく一致して、ようやく今日の日を迎えて、まさかこんな大雪になるなんて思わなかったのではないでしょうか。ですから、できるだけそのお母様の希望を叶え

て差し上げたいのです。私たちの帰路の安全も、もちろん先生が心配してくださっているように最大限、気をつけますので」。携帯電話を耳にあてながら、私はそのスタッフに、そして、おそらく事務室で私の指示を待っていてくれているだろう支援者さんたちに頭を下げざるをえませんでした。

　しかし、本件は、この電話でのやり取りから１時間ほどしか経っていないときに、再びの電話で決着がつきました。そのお母様が21時ではなく、ずっと早めに切り上げてお迎えに来てくださったということでした。できるだけ親の気持ちに寄り添おうとする「あい・ぽーと」のスタッフ・支援者さんの対応に、親もまた理解ある対応で返してくださったのだと思います。

　「あい・ぽーと」のスタッフは、常勤からパートタイマーの方等、勤務形態はさまざまですが、ほとんどが"子育て・家族支援者"養成講座を受講し、認定を受けた人たちです。その中から、各自で保育士資格を取得した人も少なくありませんが、支援のベースは"子育て・家族支援者"養成講座での学びにあるのです。

自身の経験からもたらされるやさしさと戸惑いと

<u>支援者さんの活動の場は徐々に拡がって</u>

　"理由を問わない一時保育"から始まった"子育て・家族支援者"さんの活躍は、やがて研修を積み重ねて、"ひろばコンシェルジュ"に、そして、どんなご相談にも根気よく耳を向けて親身に寄り添い、必要に応じて専門機関等につなぐ役割を担う子育て相談員（"子育てコーディネーター"）に、さらには"スペシャル支援者"へとランクアップしていきました（資料編「あい・ぽーとの人材養成」参照）。

　"ひろばコンシェルジュ"とは、ホテルのコンシェルジュと類似した役割を担う方々です。その必要性に気づいたのは、ある利用者さんの声でした。「子育てひろばなんて、なければいいと思うんです」。ショックでした。いったい何を言っているのだろうかと耳を傾けていると、その胸の内を次のように吐露してくれました。「一人で家にこもって子育てをしているのは、とってもつらい。だから『あい・ぽーと』に来るんですが、ここに来れば来たで、私、また一人なんです。ママたちのグループが出来上がっていて、なかなか

仲間に入れてもらえない。楽し気に話したり、ティールームでランチをしていたりしているグループのそばで、この子と二人きりで遊んでいるのは、家にいるとき以上に孤独です」。

　かつて、“公園デビュー”が話題となったことがありました。公園で子どもを遊ばせようとしても、ママ友だちのグループが出来上がっていて、新しいメンバーを受け入れてくれないだけでなく、母親がそのグループに属していないと子どもどうしも遊べない等々に悩んでいたのです。“公園デビュー”に象徴されるようなママたちを襲った問題を解消する役割を果たせたらとの願いもあって開設した子育てひろばが、再び同じ問題の温床になっているのかと、愕然としました。

　そこで、“子育て・家族支援者”さんの中から、それまでの活動実績などを参考に選ばせていただき、特別追加講座を開催して誕生したのが“ひろばコンシェルジュ”さんです。エントランスや“ひろば”にさり気なくたたずみながら、来所した親子に目を配ってくださっていただく役割を担っていただくためです。初めて来館した利用者さんのどことなくおぼつかない表情にいち早く気づいて笑顔でお迎えしたり、利用登録をする手続きのご案内をしたり、施設内をご案内するうちに、初めての利用者さんにもやがて笑顔が出てきています。

　“ひろば”で子どもを遊ばせているママがトイレに行く等の間も、お子さんをお預かりすることもあります。「もってきたお弁当をレンジで温めてください」「ミルクをつくるお湯をください」等々、利用者さんのどんなご要望にも笑顔で答えているコンシェルジュさんは、さながら旅行者を居心地よくさせてくれている一流ホテルのコンシェルジュそのものです。

　“ひろば”では子どもどうしの喧嘩もよく起こります。かみついたりひっかいたり、おもちゃの取り合いをしたり…。子どもたちの育つ自然な姿なのですが、こうしたことが母親たちの関係を気まずくしがちなことも、最近の傾向です。コンシェルジュさんがママどうしの関係にさりげなく目配りしつつ、事務所スタッフへの報告・相談も絶やさずにやってくださっています。

　ときにはママどうし、話に花が咲きすぎて、子どもへの目配りがおろそかになることもあります。「あい・ぽーと」は子どものことは親が見ることを

原則としています。ニュージーランドのプレイパークのように、みんなでみんなの子を見守るという仕組みが理想だと思いますが、一応登録制はとっているものの、来る時間も来る人も定めのない室内型公園のような仕組みの子育てひろばでは、なかなか理想通りにはいかないのが残念ながら現実です。ですから、原則、ご自分のお子さんはご自分で見ていただくようにお願いしているのですが、これまたその通りにはいきません。でもそんなときも、最初からけっして注意はしないのが "ひろばコンシェルジュ" さんたちです。まず子どもたちの安全に目配りしたり、時には一緒に遊んだりしながら、「お子さんたちが庭でこんな遊びをしていますよ。ごらんになってくださいね」と声をかけたりしています。「母親なのに、目を離して！」「いったい何をしているの！」…。日本社会で子育てをしてきた中高年女性たちは、一度ならずこんな言葉をかけられたり、あるいは自分ではなくても、こんな非難にさらされたりしている他の母親たちを見て、身のすくむ思いをしてきた人たちなのです。「子育て支援は説教でも教育でもありません。寄り添うことです」と講座の中で言う私の言葉を身に染みこませて理解してくださっているのだと思います。

自身の経験 vs 講座の学び

　もっとも、自身の経験は "子育て・家族支援者" としての活動に壁となることも、当然あります。とりわけ子育てや家族の在り方については、それぞれがそれぞれの経験に基づいた思いと価値観を持っていることでしょう。それをどこまで他者に投影してよいものか。"子育て・家族支援者" さんたちの多くは子育て経験者です。自身の子育てで培ったものをはたして今、子育てに奮闘している親に当てはめて良いのかということです。

　たとえばある日の事例検討会で、一人の支援者さんからこんな戸惑いの声が上がりました。その方が依頼を受けているご家庭は、夫が単身赴任をして、妻が東京に残って子育てにあたっているそうです。妻が東京に残っている理由は、資格をとるために大学に通っているからだということを聞いて、その支援者さんは「家族の在り方は多様と言いますが、こういう夫婦の在り方は正直、私は納得できないんです。子どもには父親が必要でしょ。私が子育て

をしていたときは、何はさておいても、自分のことは二の次にして、夫のため、子どものためを大事にしてきました。母親が勉強したいという気持ちもわからなくはないけれど、勉強なんていつだってできるじゃないですか。今はパパのところに行って、家族みんなで過ごした方が良いと思うのですが…。もちろん、私たち支援者は立ち入ったことは言ってはいけないことは、講座の中で散々学びましたし、絶対に口には出しません。出しませんが、納得のいかない気持ちを引きずって、支援活動をするのもなかなかつらいものですね」。

　私はこう答えました。

　「あなたが大切になさっていらした子育ての仕方や家族の在り方は、どうかこの先も大切になさってください。それを否定したり、捨ててくださいなどとは言ったりはしません。でも、それと同じくらい、今、あなたが支援していらっしゃるご夫婦の生き方や家族の在り方にも立ち入ってはいけないのではないでしょうか。勉強はいつだってできると言いますが、そういう言葉で女性たちの人生がどれほど制約を受けてきたことでしょう。パパとお子さんとの交流の持ち方についても、会えない分、かえって絵手紙を交換したり、今の時代ですからメールやテレビ電話等々、いくらでも工夫の余地はあると思います。パパが単身赴任をしていて育児の協力が得られないから、『あい・ぽーと』の支援者さんに支援活動の依頼があるのです。支援者さんとして何ができるかを考えていただくことが大切なので、そのご家庭のライフスタイルや夫婦の関係に口を出すことは慎むべきだということは、すでにご理解いただいているとは思いますが、改めて繰り返しますね」。

　「たしかにその通りですね。講座でもしっかり勉強しましたし、先生がそうおっしゃることはわかっていました。ですから、私はそのママには何も言っていませんし、これからも言わないです」と快く了解してくださいました。でも、そのあとです。「でもね。これがうちの息子のお嫁さんだったら、別ですけど…」と付け加えたので、研修会場に爆笑が沸き起こりました。

　こうしたユーモラスなやりとりからも、人生の酸いも甘いもかみしめた方なのだなと、改めて「あい・ぽーと」の"子育て・家族支援者"さんの心の柔らかさに感じ入りました。納得のいかないことはいかないとはっきり主張

しながらも、異なる意見や新しいものを受け入れる余地もしっかり残しておられるのです。

　これは一例にすぎませんが、支援者さんとのカンファレンスに出るたびに、ふっくらしたコミュニケーションに癒されることがしばしばです。

子育て経験者ならではの細やかな感性と行動力

　「あい・ぽーと」の"理由を問わない一時保育"は施設内だけでなく、主に区内の子育て家庭に出向いて一時保育等をする"派遣型（港区）・訪問型（千代田区）"の保育も行っていますが、その需要は年々、増える一方です。家族の多様化が急速に進む中、女性たちのライフスタイルもさまざまです。働く女性が増えていますが、必ずしも保育園だけでニーズが事足りているわけでもありません。送迎時間と仕事の時間が必ずしも一致していなかったり、あるいは固定した勤務ではないために保育を必要とする認定が受けられなかったりする場合も少なくありません。また、きょうだいがいて、学校や園の行事の時に小さい弟妹を同行できないことから、一時保育を使いたいというニーズ、さらには母親が病気で入院している間、子どもの預け先に困惑する等々、一時保育のニーズは今日の家族の多様化の中で、問題もまた多様化していることがうかがえます。施設内の一時保育だけでなく、派遣型・訪問型の一時保育は子育て家庭にとって不可欠なものとなっていることは、毎月の利用説明会を見ているとよくわかります。妊娠中から利用を予定している人、あるいは祖父母世代が出席される場合も少なくありません。遠方にいて、いざというときになかなか助っ人になれないからという理由で、「あい・ぽーと」の派遣型・訪問型一時保育に登録なさるのです。

　こうしてニーズが急増していますが、正直、支援者さんは未だ十分ではありません。もちろん毎年、養成講座を開催して、認定者さんを増やしているのですが、ニーズが需要を上回っているのが実情です。「『あい・ぽーと』の派遣型・訪問保育は利用料金が安いからお願いしているのではありません。子どもや私たち親のことに親身になってくれている。だから安心してお願いできるのです」「遠い実家の親より、『あい・ぽーと』の支援者さんです」等々、利用者さんの声を聞くと、余計、需要に供給が追い付いていないこと

が申し訳なく思われます。ただ、港区も千代田区も人材養成には時間がかかることをよく理解をいただいていて、「急いでほしいけれど、焦らずに」とのスタンスでこの事業の継続を認めてくださっていることは有難いことです。

こんなエピソードもありました。あるとき、利用者の母親が体調を崩してしまったことがあります。間の悪いことに、子どもも熱を出してしまい、パパは海外に出張中。そのとき、以前、来てくれていた支援者さんのことを思い出して、電話をかけたそうです。すると、すぐに駆け付けてくれて、思わず抱きついて泣いてしまったそうです。こういう事例は枚挙にいとまありません。"子育て・家族支援者"さんたちはただ優しいだけではありません。行動力が伴っています。

こうした派遣型・訪問型保育の中には、利用者からの依頼ではなく、区からの支援要請で利用者のご家庭等にうかがうこともあります。なかにはまさに今日の家族問題の多様化の難しさと複雑さを考えさせられる事例も少なくありません。そうした要支援家庭に出向く支援は、"子育て・家族支援者"の認定に加えて"スペシャル支援"の認定を取った方に出向いてもらっています。

こんな事例がありました。シングルマザーの母親と小学生が二人いる家庭でしたが、母親は心身に不調をきたしていて、家事もままならないということで、子どもたちへの食事づくりと家事支援の要請がありました。そのご家庭への支援活動を何回かしてくれていた支援者さんから、毎月実施している事例検討会で、ためらいがちに次のような報告と相談がありました。そのご家庭に行く度に自分のポケットマネーで夕食づくりをするようになってしまっているのだけれど、はたしてそれでよいのでしょうか、ということです。訳を聞くと、初めて訪問したとき、夕食づくりを依頼されたものの、その家のキッチンにはインスタント・ラーメンの袋麺しかなかったそうです。冷蔵庫も空っぽで、野菜も肉もない。育ち盛りの子どもたちに袋麺だけを食べさせるのが忍びなくて、近所のスーパーに駆け込んで材料を仕入れて作ったのが、クリームシチューだったとか。「おばちゃん、こんなおいしいごはん、ぼく生まれて初めてだ」という子どもたちに、「ママのごはんもおいしかったでしょ。ママもまた元気になったら作ってくださるわよ」と言うと、「そ

うだった。ママのごはんが1番、おばちゃんのご飯は2番だ」。なんとも健気な子どもたちだったそうです。でも、一度、そうしたことをした以上、次からも期待に応えなくてはならなくなってしまったということでした。1回毎の出費は千円前後だったそうですが、回数がかさめば、これをこのまま続けて良いのか？という戸惑いが出てくるのも当然のことでしょう。

　この報告・相談を受けて、カンファレンスではいろいろな意見が出ました。親を甘えさせることにならなければいいけれど…という消極的な意見ももちろんありましたが、しかし、今、何が必要か、親が甘えるか否かよりも、育ち盛りの子どもたちの食事が心配だという意見の方が多かったのです。区にもご相談しましたが、要支援家庭への派遣型保育に関して、保育者への活動費は予算化されていても、子どもたちの食費までは予算化されていなかったのです。基礎自治体が年度途中の補正予算を組むことはそんなにたやすいことでないことは当然かと思います。「来年度に向けて必ず検討します」というお約束をいただけただけでも有難いことでした。ちょうどそんな折、幸い私がNHK放送文化賞をいただいて、その副賞としてのお金がありましたので、それを基金としてはどうかということで、このご家庭に限らず、同様のニーズがあったら、それを使って、こうした活動の実績を積んでいこうということになりました。

　ところがここでまた奇跡のようなことが起きたのです。その基金にはほとんど手を付けずに、むしろお金は増え続けて、支援ができたのです。なぜなら基金箱にスタッフや支援者さんがいろいろな形で募金をしてくれたのです。「今日、ちょっと嬉しいことがあったから」「お財布に小銭がたまって少し重いから」…と。まるでヨハネによる福音書6章1～15節の「5つのパンと2匹の魚」の奇跡を見るようでした。

　その後、区はお約束通り、早速、翌年、要支援家庭への支援活動の際、子どもたちの食費が必要な場合の予算をつけてくれました。

　この支援者さんのしたこと、またそれに対して「あい・ぽーと」で私たちがしたことが、果たして良かったのかどうか、むしろいろいろなご意見もあることと思います。ただ、支援というのは、理屈ではない。目の前に困っている人がいたら、とりわけおなかをすかしている子どもがいたら、放っては

おけない。これが「あい・ぽーと」の"子育て・家族支援者"さんやスタッフたちの思いなのです。理屈よりもまず身体が動く、それがやがて行政をも動かしたのではないかと、僭越ながら思っています。

　この他にも、支援者さんが向かう要支援の家庭の事情は、実に多様です。親が精神的な困難を抱えていて、家事にも子育てにも支障をきたしているケースも少なくありません。足の踏み場もないほどに散らかった部屋を片付けながら、子どもたちの食事づくりもしてくれるなど、報告を聞くだけで胸がいっぱいになる事例もあります。カンファレンスをしていても、支援者さんの心労が思われて、かける言葉が見つからないこともしばしばですが、支援者さんは「家が片付くとすっきりしますから、私は大丈夫ですよ」と屈託ない笑顔を向けてくれます。地域の人が地域で支える、その実態はこういうことなのです。

4-1　園庭での読み聞かせ

4-2　身長体重測定

4-3　ひろば事務室にて

4-4　ひろばで子どもたちと

4-5　子育て支援のバックオフィス

4-6　支援者さんとのカンファレンス

NPOで
働くということ

第5章

孤独な研究者が真に"支え・支えられて"を実感した現場

　若いときから研究者として生きてきた私がNPOの現場に立ったのが、ちょうど50歳のときでした。領域にもよるかと思いますが、研究は孤独な闘いを強いられることが少なくありません。特に日本社会に根深くはびこっていた母性愛神話からの解放を訴えた私の研究の道のりは孤独でした。

　私が専門とした心理学、とりわけ発達心理学は、かつては母子関係論が非常に優勢でした。親子関係はイコール母子関係とみなす観点から、母親不在が子どもにいかにマイナスの影響を及ぼすかという切り口一辺倒で、母親の愛情の質そのものを問う視点は皆無といっても過言ではない時代が長く続いていたのです。そうした母子関係論のもとで、子どもを産み母となった女性たちがどれほど育児に孤軍奮闘しようとも、そして、その結果、育児ストレスや育児不安を高じさせようとも、「それは母親として至らないからだ。女性には生来的に育児の適性を保証する母性本能が備わっている。子どもを愛し、立派に育ててこそ母親であって、育児がつらいと感じたりするのは、一部の異常な母親に過ぎない」という考え方がまかり通っていた時代でした。

　そうした母性観に警鐘を鳴らしたのが、1970年代の初頭に勃発したコインロッカー・ベビー事件でした。駅のコインロッカーから乳児の遺体が発見されたことから、大きな社会問題となりました。子捨て・子殺しは大変遺憾なことで、あってはならないことですが、古今東西を問わず行われている育児の裏面史ともいうべき現象です。しかし、その背景に戦争や飢饉等があったかつてとは異なり、豊かで平和だと人々が信じていた当時の事件として、社会の関心は母親一人に向けられ、母親への怒りと批判を強めたのです。

　当時のそうした風潮は、若い研究者であり、同時に結婚していましたので、いずれ母となる日が来るであろう私には容認し難いものでした。母となった女性に子育ての大半を託し、母性本能を盲信して、子育て支援の必要性を一顧だにしないことこそが育児困難現象の原因ではないか、換言すれば当時の日本社会の母性観の弊害に気づくべきではないかと私は考えたのです。

　母性強調の下、"女性は育児。男性は仕事"という性別役割分業体制が敷かれたのは、近代以降です。日本では第二次世界大戦後の高度経済成長期以降に起き、その後の低成長期の福祉予算削減ともあいまって強調されてきた

現象であること、しかも、そこに精神医学や小児科学、心理学の知見が好都合に使われてきた経緯などを明らかにしたのが、私の母性の研究でした（大日向雅美『母性の研究』川島書店 1988/『新装版　母性の研究』日本評論社 2016/『母性愛神話の罠』日本評論社 2000『増補　母性愛神話の罠』日本評論社 2015参照）。

　こうして日本社会の母性観の形成過程とその弊害を指摘し、母性愛神話からの解放を訴えてきましたが、当時は機が熟していなかったのでしょう。厳しいバッシングにさらされたことは言うまでもありません。さまざまな場でバッシングに出会い、学会誌にいくら投稿しても論文が没にされたことは、正直つらいことでした。

　しかし、それ以上につらく思われたのは、母性愛神話の弊害を訴えるからには、母親が孤独な子育てから解放される社会の仕組みを作らなければならないという焦りとそれをどう実現したらよいかわからないという戸惑いでした。目指すべき山頂はわかっているのに、そこに辿り着く道がみつからない、というよりも登山道の入り口すらも見つかっていないという絶望感・無力感と焦る気持ちで過ごした時間の何と長かったことかと思います。

　そうした中、第1章で述べたように、東京都港区青山の元幼稚園跡地を活用して子育てひろばという現場を持てたことは、研究者としての長年の悲願がようやくかなえられた喜びに他なりませんでした。

　そうしていざ現場に立ち、それまで頭で考えていたことを一つひとつ実現していくことに大きなやりがいを覚えたことは言うまでもないことです。しかし、それ以上に嬉しかったことは、今まで出会ったことのないような人々との豊かな出会いに恵まれたことでした。地域の皆で子どもと親を支える現場をつくろう、それが地域の人々、とりわけ子育てや仕事等が一段落した人々にとっても新たな生きがいとなる場としたいと願って取り組んだ「あい・ぽーと」でしたが、活動を始めてみてわかったことは、励まされ、支えられたのは私自身だということでした。

磨き続ける"生涯就業力"

　NPOに集う人々は実に多様で多彩です。その人生模様など、一人ひとり

お話を聞いていたら、おそらく壮大な人間ドラマが描けるのではないかと思うほどです。

"子育て・家族支援者"養成講座の講師を務めてくださったある保育園園長先生が受講者に向かってこんなことを言われました。「皆さんがこれまで生きていらして、経験なさったことのすべてが、これからの皆さんの子育て支援活動に役に立ちます。お子さんがいる方も、いない方も、子育てを経験したことがある方もない方も、仕事に励んだ方も専業主婦として家庭のために生きた方も、これまでの人生の中で経験されたことのなに一つとして無駄なものはないと胸を張ってください。私がこの講座の中でお伝えしたどんな知識にも勝るものを、皆さんはすでにお持ちです。どうかそれを子どもたちのために、親のために使ってください」。

"子育て・家族支援者"はどんなに勉強をしたとしても国家資格の保育士ではないのだから、そういう人と一緒に保育や子育て支援をすることに躊躇すると言ったのも、ある地方の保育園園長先生たちだったことは前述の通りでしたが、一方でこういうエールを送ってくださる保育の先達もいらっしゃるのかと、感慨深く聞いた記憶があります。そして、この園長先生の言葉は、まさに私自身の実感でもありました。

「あい・ぽーと」に集う方々の勉強熱心さには驚かされます。"子育て・家族支援者"の認定をお受けになった方々の中に、いつのまにか保育士資格を取得したという方が少なくありません。それも50代・60代以上の方々が、です。

新しいことに貪欲に挑戦する姿勢は、シニア世代男性たちからなる"まちプロ"さんたちにも顕著に見られます。現役時代には自分でコーヒーを淹れた経験もない人たちが、あい・ぽーと麹町の"藍カフェ"でカフェマスターになっていることは前述の通りです。また、"まちプロ"さんの中には、ハーモニカの名手がいます。この世代は子ども時代から青春時代にハーモニカが流行していたのですが、この名手のハーモニカを聴いて一緒に習い始め、今や「あい・ぽーと」のイベントの時にハーモニカ演奏を披露してくれるグループも誕生しています。絵本の読み聞かせだけでなく、子どもたちが喜びそうな踊りやダンスに挑戦してくれる人もいます。また、"まちプロ"さん

になってから、折り紙に挑戦して、子どもたちを楽しませてくれている人もいます。その方は「現役時代は造船鉄鋼の硬い仕事をしておりました」とのことですが、今は子どもたちから大変慕われ、ママたちの相談にも携わってくれています。現役時代は電車で子どもが騒いだり泣いたりすると、仕事で疲れているときなど、うるさいなと思ったこともあったそうですが、今はポケットに折り紙を忍ばせて、それであやしたりしているそうです。人はいくつになっても変われるものです。

こうして"子育て・家族支援者"の女性たち、またシニア世代男性の"まちプロ"さんたちと一緒に活動して思い出すのは、「インド独立の父」と呼ばれているマハトマ・ガンディーの言葉です。「明日死ぬと思って生きなさい。永遠に生きると思って学びなさい」。これまで子育てや家事・介護等の家族的責任、そして仕事に懸命に尽くしてなお、残された人生を新たな活動に転じているこの方々の姿を言い表している言葉ではないかと思います。

こうした"子育て・家族支援者"さんや"まちプロ"さんの姿は、言葉を換えれば、今、私が勤務する恵泉女学園大学で若い女性たちの教育理念として掲げ、注力している"生涯就業力"に他なりません。

"生涯就業力"とは、「いつ、なにがあっても、どんなときにも自分を大切にし、自分らしい目標を忘れず、周囲の方々と共に力をあわせて地域や社会のために尽くすことに喜びを見出す力」と定義しています。生涯にわたって自分を投じることができるものを見つけ続けようとする心のパワーです。これから社会にでる若い世代を対象に、その人らしく輝いてほしいと願いつつ、それは自分ひとりが輝くのではなく、周囲の方々、一人ひとりの良さもまた輝けるよう、そうした光の源となる力であってほしい（恵泉女学園創立者 河井道の言葉"汝の光を輝かせ"）と願って"生涯就業力"の育成に努めている私にとって、「あい・ぽーと」でまさにその体現者たちを間近にいただけていることの有難さを痛感しています。"子育て・家族支援者養成講座"には、学生たちもたくさん受講し、地域の方々と共に学ぶ機会をいただけていることも、大変有難いことです。（"生涯就業力"については『女性の一生』（日本評論社 2020）参照）

"有難う" の言葉の重み

社会人基礎力

仕事で大切にすべきことは、組織や団体の種類や目的によって多様だと思いますが、共通していることもあります。それは人と人との関係性のもちかたです。

経済産業省が2006年に職場や地域社会で多様な人々と仕事をしていくために必要な基礎的な力として提案した"社会人基礎力（＝3つの能力・12の能力要素）"はまさにその点を射たものだと思います。この"社会人基礎力"はその後、人生100年時代に即した改訂が行われていますが、そこでは"社会人基礎力"はPCでいうOSだという説明も加えられていて、なかなか興味深いものです。

【社会人基礎力】

1　前に踏み出す力～一歩前に踏み出し、失敗しても取り組む力～
　　（主体性・働きかける力・実行力）

2　考え抜く力～疑問を持ち、考え抜く力～
　　（課題発見力・計画力・創造力）

3　チームで働く力～多様な人々と共に、目標に向けて協力する力～
　　（発信力・傾聴力・柔軟性・情況把握力・規律性・ストレスコントロール力）

【人生100年時代に求められるスキル】

社会人としての基礎能力（OS）：社会人基礎力　キャリアマインド

業界等の特性に応じた能力（アプリ）：専門スキル　社内スキル

＊人生100年時代の働き手は、アプリとOSを常にアップデートし続けていくことが求められる（経済産業省　HPより）

"社会人基礎力" を磨くための5つのポイント・3つの習慣

"社会人基礎力"が職場やさまざまな場で働くときの人間関係を円滑にするものであることは、その通りです。そうであればこの"社会人基礎力"を地域の子育て・家族支援にも生かしたい、そのために心すべきポイントとそれを実現していくための習慣について、次のことをスタッフや支援者さんと共有しています。

☆5つのポイント

1　正直であること

2　礼儀正しくあること

3　仕事を早く正確にする技術と知識を蓄えること

4　現状を改善しようという意志を大切に

5　けっして逃げださない・言い訳しない

☆3つの習慣

1　「知」を磨く

2　「時間」「形の美しさ」を意識する

3　感謝する心を

　まず、5つのポイントは、小林一三氏（阪急電鉄をはじめとする阪急東宝グループ：現在の阪急阪神東宝グループの創業者）の名言をもとに、私が勤務する恵泉女学園の宗雪雅幸理事長（富士写真フィルム：現在の富士フィルム元社長）がアレンジして、常々、学生や教職員に伝えている言葉ですが、人間関係を良好に営んでいくうえでは、いずれも欠くことのできない大切なものです。とりわけNPOはさまざまな人々が集う場です。年齢も20代〜80代まで。経験してきた職業も職位も、また既婚・未婚・子どもの有無等々の家族の営み方も、実に多様です。ただ共通しているのは、「あい・ぽーと」で言えば、地域の子どもや子育て家庭のために何か自分にできることはないかと探し求めていることです。

　さまざまに背景を異にする人々が一つの目標に向かって動くためには、まず「正直であること」です。

　自分の気持ちに正直であること、そして、自分がしたことに正直であることだと思います。だれかのために役立つことを願うNPOの活動は、自分の心に偽ってできる仕事ではありません。同時に共に働く人に対してうそやごまかしは通らないことも、NPOの世界の特徴です。

　また、NPO活動の特徴は、集う人々が目標も課題も成果も失敗も、すべて分かち合う心で向き合うことです。分かち合うとは、無責任になることではけっしてありません。その逆です。まず「けっして逃げださない・言い訳

しない」ことです。前述の「正直である」こととも重なります。正直で言い訳をしない誠実さを感じたとき、私たちはたとえ異なる意見に対しても、望ましくない結果になろうとも、分かち合えるのではないでしょうか。

そのためには意見を交わしあうときの自分の意見の主張の仕方や異なる意見への傾聴の心を大切にするという意味での「礼儀正しくあること」を忘れてはならないと思います。

さらに、活動にタイムリー性が求められるのもNPOです。地域に支援を必要としている親子がいたら、すぐに動くのがNPOです。今、何が求められているのか、そのために自分たちにできることはなにか、常に考え、実行に移せることが当事者感覚を基本とするNPOの強みではないかと思います。そうであればこそ、「現状を改善しようという意志」と「仕事を早く正確にする技術と知識」が欠かせません。

20年近い「あい・ぽーと」での活動の中で、私は本当にたくさんの方々と共に仕事をしてきました。残念ながらたもとを分かった人もいます。でも、今、残ってくれているスタッフや支援者さん、一人ひとりの顔を思い浮かべるとき、その方々に共通していることは、この5つのポイントをたしかに持った人々なのです。

こうしたポイントを実現していくために、欠かせないのが日頃の心がけとしての習慣です。

3つ掲げた習慣のうちの「『知』を磨く」は、「イエス」と「ノー」を言える人として活動するためです。めざすべき目標は同じでも、そこにたどり着くまでの道のりは多様ですし、岐路に立って選択を迫られることは多くの活動と同じくNPOの活動でも日常茶飯です。けっして一人よがりにならない確かな知識に裏付けられた発言が必要です。そのためには読書や演劇・ドラマ等の鑑賞、趣味の世界でも、あらゆる人間の営みに関心を広くもって、貪欲に新たな知を紡ぐことを習慣としたいと思います。

同時に「時間」と「形」を常に意識する習慣が重要です。このことを考えるときに、まず私の脳裏に浮かぶのは、ここでも前述したマハトマ・ガンディーの言葉です。

「明日、死ぬと思って生きなさい。永遠に生きると思って学びなさい」

この言葉には、有限の時間と無限の時間の違いが浮き彫りにされています。私たちは有限の時間を生きている。その中で何ができるのか、時間の用い方次第で、無限の豊かさを見出すことができるということではないかと私は解釈しています。「知」を紡ぐためには、時間の無限性を意識する、つまり、永遠に生きると思っての研鑽が大切でしょう。他方でいつ生を終えるときが来ても良い、潔い生き方をしたいものです。その時こそ「形」の美しさもまた習慣として意識したいと考えます。

　「形の美しさ」とは、人間関係に置き換えたとき、挨拶・言葉遣い・表情・声・身だしなみ等々です。いずれも相手を尊重する心が形になることを意識するという習慣化です。

　そして、最後の「感謝する心を」。「ありがとう」は漢字にすると「有難う」です。つまり「有り難し」の変形で、「本来は有り得ない非常にまれなこと」ゆえに、感謝するということです。

「有難うございます」にこめられた万感の思い

　こうして書いていて浮かぶのが一人の"まちプロ"さんです。その方の仕事ぶりは、まさに５つのポイントを地で行くようで、私はいつも敬服していました。講座の運営をお願いしたときなどは、事前に会場に足を運び、講師や受講生の身になって会場設営や司会進行を準備するなどして、非常に丁寧で綿密な青写真を描いてくださいました。

　どうしたらそういうお仕事ができるのか、前職は何をしていらしたのかお尋ねしたことがあります。

　「私は"金の卵"だったんですよ」という言葉がかえってきました。"金の卵"とは、第二次大戦後の高度経済成長を支えた若年労働者のことですが、その方も家の事情で中学を卒業してすぐに就職をしたそうです。就職先は大手のカメラメーカーで、一所懸命に働いて、最後は中国の大きな工場を任せられるまでになられたようです。そこに至るまでにどれほど努力を重ね、さまざまに研鑽を積まれたことでしょう。"まちプロ"としての活動ぶりからも想像されることでした。

　「あい・ぽーと」で実に生き生きと活動しておられましたが、しばらく経

って体調を崩されてしまいました。それでも一時は酸素ボンベを携えながらも「あい・ぽーと」の事務などをしてくださっていたのですが、やがてそれも叶わなくなってしばらくお休みとなりました。元気で復帰してくださることをスタッフ一同、願っていたある日、私の元に1通の手紙が届きました。そこにはもはや回復が望めないこと、医師から最期をどこで迎えるかと尋ねられて自宅を選んだと書かれていました。

　いたたまれない思いでお見舞いにうかがったのですが、事前に連絡をすると、遠慮深い方ゆえに辞退をされるのではないかということも心配で、さりとて突然の訪問ではおうちの方にもご迷惑であろうと、いろいろ悩んだ末に、スタッフの皆が寄せ書きしたカードを玄関先にお届けしてすぐに失礼しようと考え、その方の家の近くの駅に着いてからお電話をしました。

　驚いたことに、たった2〜3回鳴らした携帯電話に、本人が出られたのです。「先生は必ず来てくださるからと、枕もとにずっと携帯を置いていたのです」と後で奥様から聞かされました。

　病室に通されたとき、もはや床のうえに起き上がるのもおつらそうでしたのに、正座をされて「私の人生の後半を『あい・ぽーと』で過ごせたことは、本当に幸せでした。先生に、そして、皆さんに『有難うございます』とお伝えしたかった。今日はそれが叶いました」と深々と頭を下げられたのです。これほどの重い「有難うございます」という言葉を聞いたことはありませんでした。葬儀にはスタッフが贈ったメッセージカードが遺影のそばに飾られていました。

　仕事をするうえで大切にしたい「5つのポイントと3つの習慣」を、まさにその通りに体現された "まちプロ" さんでした。

他者のために尽くす喜び

　NPOは "非営利活動法人" です。"非営利" ということに対して、まま誤解があるようです。たとえば、"非営利" とは利用者からお金をもらってはいけない、利益をあげてはいけない、働く人は無報酬でなくてはいけない等と思われることもあります。

　しかし、NPOの "非営利" の一番大切な意味は、"利益の分配をしない"

ということです。そこが出資者を募り、寄せられたお金を元手に事業を行い、儲かった分を株主などに分配するという仕組みの株式会社と基本的に異なる点です。

そもそもNPOは利益の追求を目的とする活動ではありませんし、利益を分配することはできないという意味で"非営利"なのですが、その基本をしっかり守ったうえで、事業収入を得ることも、働くスタッフが適正な報酬を得ることも可能です。活動が順調に運んで、余剰金がでることもあります。それを理事やスタッフに分配することは許されませんが、次の期に繰り越して活動資金にしたり、新規事業等に使ったりすることは可能です。いわゆる"内部留保"ですが、これはNPOの活動にとっても不可欠なものです。

たとえば新規事業を行うとき、行政からいただく補助金や委託費の多くは、事業開始時点からのものが大半です。でも、実際には見えない投資も必要です。"子育てひろば"を新設するときに、そのことを痛感しました。施設や備品の整備は不可欠で、それに対しては準備費も含めて行政から支給されますが、そこで働くスタッフの確保と研修は開設以前からかなりの時間を要します。「あい・ぽーと」の理念を理解してもらい、しかも頭で理解するだけでなく、実際に現場で共に動いてもらうOJT（"On the Job Training"の略称）的な研修が欠かせません。〇月〇日のスタートと同時に採用・着任ということでは、十分な働きができない事業が地域の子育て支援のNPO活動なのです。

また、補助金も委託費も単年度決算です。毎年秋口に行政との折衝に携わっている事務局長の働きを傍らで見ていると、単年度決算の実態の厳しさが思われてなりません。備品や設備費等は単年度決算が合理的ですし、適切だと思います。しかし、NPOで働く人の雇用を考えると、単年度決算にはかなりの無理と矛盾があります。あるNPOを運営している知人は、次年度のスタッフの勤務状況は、年度末にならないとわからないと嘆いています。今年は一緒に常勤スタッフとして活動できたとしても、次年度は予算が決まらなければわからない。予算によっては、その人たちを同じ処遇で迎えることができるという保障がないために、一人ひとりがどのくらい活動ができるのか、年度末に皆で話し合って決めざるを得ないということでした。

「あい・ぽーと」も開設当初は、こうした人件費のやりくりに苦労した時期がありました。今は幸いにもある程度安定した経営ができていますが、それでも補助金・委託費に依存する綱渡りのような心細さはぬぐえません。毎年開催される理事会・総会では、代表理事の運営は保守的だと、監事から評価（？）と共に指摘を受けることもしばしばですが、NPOの不安定さへの保険としても内部留保は必須のものではないかと考えています。

　もっとも、内部留保はけっして不当なことで得たお金ではありません。補助金や委託費は利用者のために最大限、正当に用いていることは言うまでもありません。そのうえでスタッフたちが努力を積み重ねて得た事業収入や極力、無駄を省くことを徹底した結果としてのものであり、しかも、その使途もまた、利用者のためになるというNPOの基本を厳守しています。

　NPOの"非営利"について、基本的にはこのように考えていますが、NPOは"利益の分配はできない"ということについて、今少し、私の考えを述べさせていただきます。

　NPOは"利益の分配はできない"ことはその通りですが、言葉を換えれば、NPOは"利益の分配"に努めるべきだとも考えています。あまりにも矛盾したことを言うと驚かれるかと思いますが、ここでいう"利益"を別の意味で考えてのことです。つまり、株式会社等が扱う利益とは異なる利益です。

　株式会社等の利益は、単純化して言えば、損益計算書等に記されているように収入から支出を差し引いたもの、つまりキャッシュ・フローを指します。一方、私たちの暮らしには、別の利益もあるのではないでしょうか。たとえば仏教語で、ごりやく（ご利益）という言葉があります。菩薩が人々に恵みを与える、仏の教えに従うことによって、幸福と恩恵が与えられるという意味です。NPOの活動で得られる利益とは、まさにこうした意味での利益です。

　"子育て・家族支援者"さんも"まちプロ"さんも、「親子の皆さんに喜んでもらえることが嬉しい。第二の人生に新たな生きがいになっている」と、皆さんが異口同音に言います。

　"子育て・家族支援者"の大半は女性ですが、中高年女性の多くは程度の強弱はあるとしても、いわゆる"空の巣症候群"に陥りがちです。懸命に卵

を温めてきた親鳥がひなが巣立って行ったあとの空っぽの巣を見つめる虚し
さを指した言葉です。この"空の巣症候群"の何がつらいかといえば、もは
やだれからも必要とされていないということです。家族のために、掃除・洗
濯・食事づくりをしても、当たり前。せっかく手間暇かけて夕食の準備をし
ても、夫は接待、子どもは部活やバイトで、食べてもくれない。心をこめて
お茶を入れても、「有難う」の一言も返ってこない。こんな日々に置かれ、
感謝のない暮らしに慣れていたとき、地域の親子からもらう「有難う」「助
かりました」の言葉がどんなに新鮮で、癒されるかということです。「もう
一度、生き直せる、そんな力が身体から湧き出るようです」と言います。

　"まちプロ"さんたちも同じ思いでしょう。長年、企業で働き、それこそ
"企業戦士"として"滅私奉公"に明け暮れた日々をふりかえった一人の
"まちプロ"さんがこう言いました。「企業では懸命に働いて業績をあげれば、
昇進・昇給がありました。よくやったとも言われました。でも、『有難う』
という言葉はあまりなかった。世の中には、こういう言葉もあったのかと、
今、しみじみと幸せを覚えています」と。

　"子育て・家族支援者"さんや"まちプロ"さんたち、シニア世代の支援
者さんたちのこうした声を聞いて、改めて思うことは、"NPOは利益の分配
をする集団"だということです。その利益とは、前述の通り、市場経済でい
うところの利益とは異なるものであることは言うまでもありません。

　もっとも、市場経済一辺倒だった経済界も今、少しずつですが変化の兆し
が見え始めているようです。そして、それは「あい・ぽーと」のシニア世代
の活動から私たちが学び得てきたものと、ある意味、符合する点が見いださ
れつつあるとも考えているところです。このあたりは、次章につないで、改
めて考えてみたいと思います。

5-1　パネルシアター

5-2　手遊び

5-3　獅子舞

5-4　大型絵本の読み聞かせ

5-5　クリスマスコンサート

5-6　ハーモニカの練習

5-7　ジャズ演奏

5-8　外壁清掃

5-9　日除けの設置

シニア世代が仕掛ける
新たな社会モードへの転換

第6章

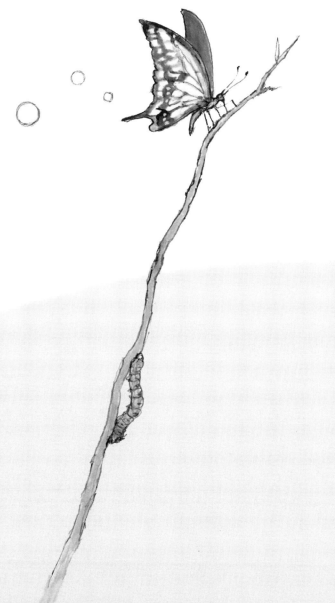

なにか物足りない！

　こうして"子育て・家族支援者"さんや"まちプロ"さんたちと「あい・ぽーと」の活動を続けてきましたが、私にとって「あい・ぽーと」継続の原動力は勉強会です。バックアップ講座と題して定期的に情報交換をしたり、直面している課題等について皆でQ&Aを交わしたりする時間が、私にとってかけがえのない勉強の機会であるとともに楽しみのひと時となっています。

　ある日、"まちプロ"さんと今後の展開について話しあう勉強会をもちました。とてもすばらしい活動をしていただいていると思う一方で、そうであればなおのこと、この方たちの力を本当の意味で評価させていただいているのだろうかとの疑問が沸いていたときでした。親子のためにいろいろと新しいことにも挑戦し、笑顔あふれる子育てひろばが築かれていることに、ただただ感謝の思いしかないけれど、なにかモヤモヤした思いも禁じ得なかったのです。率直に自分の気持ちをぶつけてみました。「そろそろ新しいステージに向かう時ではないでしょうか？」と。

　一人のまちプロさんが次のようなレポートを出してくれました。

◇まちプロ5年の節目に

　2013年に団塊世代を対象に、「子育て・まちづくり支援プロデューサー」養成が始まってから5年となった。高度経済成長を支え、低成長期を耐え、厳しい競争社会を生き抜いてきた中高年男性が、"まちプロ"として子育て支援を軸に、これまで培ったスキル・経験を地域・社会のために発揮するという、画期的なフィランソロピー（社会貢献）の姿であり、新たな社会的価値の顕現を行ってきたといえる。今、発足5年の節目を機に、次のステップに歩を進め、これまでの地域支援の活動をいっそう豊かに展開し、また中高年世代、さらには多くの世代に、"新たな人生の送り方""人生モードの転換"を示せるような提案をしていきたいと考える。

◇高齢者の「いま」と「これから」

　日本の中高年男性、とりわけリタイア後の人たちに顕著なのは"孤独感""孤立感"ではないか。英国では2018年1月に"孤独担当相"の新設が公表されるなど、先進国に共通のテーマではあるが、日本では、特に男

性は他者との交流が少ないことから“世界で最も孤独な国民”とも評される（世界価値観調査）。定年で職場から離れると、社会とのつながりが断たれる。一方、単身世帯も急増している。2030年には都内の60代の男性世帯主の世帯のうち３割以上が単身世帯になる。内閣府の調査では、60歳以上の男性単身世帯で誰かと会話をする機会が“２〜３日に１回”以下が28.8％に及ぶという。

　しかし一方で、従来の“高齢者観”とは違った側面も伺える。例えば高齢者の身体能力をみると、2002年での75歳の歩行速度は1992年の64歳の歩行速度に近いという（国立長寿医療研究センター　鈴木隆雄氏らの研究）。文部科学省の調査でも高齢者の運動能力は明確に向上している。秋山弘子・東京大学特任教授の高齢者6000人の加齢に伴う生活状況の追跡調査では、大半の人は（男女とも）70代半ばまでは自立して生活できる。これらの数字は従来の「支えられるべき存在」との高齢者像の見直しにもつながってくる。

◇ 「支える」「支えられる」を超えて

　長生きでは疑いなく世界のトップランナーの日本。問題はその中身だ。“寿命の伸びがあまりに急激だったので、意識や生活がそれに追いついていない”“個人も社会も延ばしてきた寿命の中身を充実させる段階に来た”（楠木新『定年後』）。多くの中高年男性が、人生を輝かせる「場」を求めて模索しているのではないか。　（略）

　このレポートも一つのきっかけとなって、この他にも経済学者宇沢弘文先生の本を輪読しよう等々の声もあがり、勉強会を重ねていくうちに実現したのが、「『子育て・まちづくり支援プロデューサー』養成講座６周年記念シンポジウム」です。題して「シニア世代男性が投げかける新たな社会モード転換〜競争原理から分かち合いへ〜」（2019年３月30日　（於）六本木ヒルズハリウッドホール）。

　シニア世代の新たな人生を切り拓くことを目指して始動したまちプロ活動でしたが、そこから得たものは、新たな社会モードへの転換へとつながるのではないか、それを模索し、多くの人と共有したいとの思いを込めて開催し

「子育て・まちづくり支援プロデューサー」養成講座6周年記念シンポジウム

シニア世代男性が投げかける新たな社会モード転換

～ 競争原理から分かち合いへ ～

2019年3月30日(土) 13:00～15:30

会場：六本木ヒルズ ハリウッドホール (東京都港区六本木6-4-1)

対象：行政担当者 (国・都道府県・市区町村)、社会福祉・社会保障・子育て支援関係者、その他

～プログラム～

◆ **開会挨拶**

住友生命保険相互会社執行役常務 栄森 剛志

◆ **まちプロ活動の紹介 (ビデオ)**

子育て・まちづくり支援プロデューサー (まちプロ) は、どんな活動してるの？

> *シニア世代男性*の新たな人生を切り拓くことを目指した5年間の
> まちプロ活動と、そこから得た "分かち合いの社会モードへの転換"。
>
> *子育て支援にはとどまらない "新たな社会モードの転換"* を
> さまざまな世代の方や地域の方と共有しませんか？

◆ **まちプロは語る**

まちプロ活動から得られた生きがい・幸福は？

◆ **鼎談**

「いかにして分かち合いに基づく参加型社会を実現するか」

話 題 提 供： 神野 直彦

権丈 善一

コーディネーター： 大日向 雅美

| 神野 直彦 | 権丈 善一 | 大日向 雅美 |

主催：NPO法人あい・ぽーとステーション　助成：住友生命保険相互会社　協力：六本木ロータリークラブ、ハリウッド美容専門学校、港区、千代田区

たシンポジウムでした。

シンポジストに、『分かち合いの経済学』（岩波新書 2010）の著者の神野直彦先生（日本社会事業大学学長・東京大学名誉教授）と、『再分配政策の政治経済学Ⅰ〜Ⅶ』（慶應義塾大学出版会 2009〜2016）の著者の権丈善一先生（慶應義塾大学商学部教授）を迎えました。

"競争原理"から"分かち合い"への転換を図って全国展開のシンポジウム開催

神野先生と権丈先生のお二人はそれぞれのお立場から基調メッセージをくださいました。さらに「いかにして分かち合いに基づく参加型社会を実現するか」をテーマに、私も参加した鼎談のひと時をもちましたが、シニア世代男性たちの"まちプロ"活動に大きな期待を寄せていただけたことは、今後の何よりの励みとなりました。

お二人からいただいた基調メッセージの内容は、シニア世代男性が提起する新たな社会モード転換の意義と必要性について非常に示唆に富んで、大所高所から考えさせていただけるものでした。ここに抜粋してご紹介させていただきます（『子育て・まちづくち支援プロデューサー」養成講座6周年記念シンポジウム報告書』2019より、一部抜粋）。

神野直彦先生の基調メッセージ

今日の私が大日向先生からいただいた使命は、このシニア世代の男性が投げかける新たな社会モード転換について、つまり社会モードの転換というのはどういうことであり、シニア世代の男性がどう投げかけているのかということを説明するようにということでした。

私は今からそれこそ20年はいっていないと思いますが、その頃に社会モードの転換を主張する本として、NHK出版から『希望の島への改革』という本、つまり「希望の島」へと改革するという本を出しました。社会モードの転換、希望の島へ転換するという最後の結論部分でですね、お手元にありますドロシー・ロー・ノルトの子どもの詩を結論で掲げております。

私は皇太子殿下（現天皇陛下）に呼ばれてですね、当時の分権改革について説明するようにというお話がございましたので、殿下にその『希望の島へ

I. 「子どもの詩」に学ぶ「分かち合い」の原理

(1)「子どもの詩」に学ぶ
子ども　ドロシー・ロー・ノルト

批判ばかりされた 子どもは
非難することを おぼえる

寛容にであった 子どもは
忍耐を おぼえる

可愛がられ 抱きしめられた 子どもは
世界中の愛情を 感じることを おぼえる

殴られて大きくなった 子どもは
力にたよることを おぼえる

賞賛をうけた 子どもは
評価することをおぼえる

笑いものにされた 子どもは
ものを言わずにいることを おぼえる

フェアプレーを経験した 子どもは
公正を おぼえる

皮肉にさらされた 子どもは
鈍い良心の もちぬしとなる

友情を知る 子どもは
親切を おぼえる

しかし、激励をうけた 子どもは
自信を おぼえる

安心を経験した子どもは
信頼をおぼえる

出所:『あなた自身の社会-スウェーデンの中学教科書』, 新評論, 1997

(2)社会の基盤としての家族関係

　私たちは、学校、職場、余暇活動などで、さまざまなグループに属しています。しかし、私たちにとって最も大事なグループは、それがどんなタイプであるかにかかわりなく、家族です。人々は「家族は、社会全体がその上に成り立っている基礎である」とやや重々しく表現します。

　家族の中にあって、私たちは親近感、思いやり、連帯感、相互理解を感じます。一方、そこには要求されるものもあります。お互いへの配慮や敬意、そして、家族の一員として家庭内の仕事を分担するなどです。家族にあっては、私たちはありのままでいながら、受け入れられ好かれていると感じることができます。たとえ馬鹿なことを言ったりしてもです。そういうことは、その他のグループでは決してありません。

　　　　　　　　　スウェーデンの社会科の教科書『あなた自身の社会』より

(3)誰もが誰もに対して、不幸にならないことを願い合い、
幸福になることを願い合っているという確信

　⇒民主主義の基盤である親和的対立と親和的議論

の改革』とそれからこの子どもの詩を載せている本、スウェーデンの中学校の教科書、その2冊を差し上げてこの詩を読みましたところ、5日後の45歳のお誕生日にこの詩を読まれていらっしゃいます。

　スウェーデンではポスターは極めて厳しい厳格な規制が敷かれております。滅多にポスター貼れないんですが、ピンク色のポスターを見たらば、この詩が書いてあるんだというふうにご理解いただければと存じます。これは児童虐待を監視する委員会が、この詩を載せているんです。

　ここまで前置きした上で、このドロシー・ロー・ノルトの子どもの詩を読ませていただきますと「批判ばかりされた子どもは、非難することをおぼえる。殴られて大きくなった子どもは、力にたよることをおぼえる。笑いものにされた子どもは、ものを言わずにいることをおぼえる。皮肉にさらされた子どもは、鈍い良心のもちぬしとなる。しかし、激励をうけた子どもは、自信をおぼえる。寛容にであった子どもは、忍耐をおぼえる。賞賛をうけた子どもは、評価することをおぼえる。フェアプレーを経験した子どもは、公正をおぼえる。友情を知る子どもは、親切をおぼえる。安心を経験した子どもは信頼をおぼえる。可愛がられ抱きしめられた子どもは、世界中の愛情を感じとることをおぼえる」。こういうふうに載せております。

　スウェーデンの社会科の中学校二年生の教科書では、次のように述べています。

　この教科書では家族についてどう解説しているかというと、私たちは学校・職場・余暇活動などで様々なグループに属しています。しかし私たちにとって最も大事なグループはそれがどんなタイプであるかにかかわりなく家族です。これ重要なことですね。どんなタイプであれ、両親がいなかったり様々な形態があるんだけれども、どんなタイプであるかに関わりなく家族です。家族は社会全体がその上に成り立っている基礎であり、社会学でいう第1次集団ですね。家族っていうのは第1次集団なんだと、やや重々しく表現します。家族の中にあって私たちは、親近感、思いやり、連帯感、相互理解を感じます。

　一方でそこには要求されるものもあります。お互いへの配慮や敬意、そして家族の一員としての家族内の仕事を分担することなどです。家族にあって

は私たちは、ここ重要なんですが、なぜ家族が基礎なのか、ありのままでいながら受け入れられると感じることができること。例えどんな馬鹿なことをいったりしてもです。そういうことはその他のグループ、つまり組織ではないんです。こう教えているんですね。

この間ちょっと某有名な進学高校に行って、このところ読んだらですね、高校生どういう反応したか。先生それスウェーデンの家族じゃないですか。日本の家族ではありのままでいながら好かれているなんて感じることなんかできないですよ。こういうふうに言う。子どもの孤立化、日本は世界第一位。しかも突出している。孤独な中で子どもたちは生きているんですね。

ここで子どもたちに教えていることは何かと言うと、スウェーデンモデルの「国民の家」という考え方では、失業というのは、国民の誰もが国民のために貢献したいと思っているのに、失業というのはその国民の切なる願いを打ち砕くからダメだ。こういう考え方に立っています。

子どもたちが育っていくために必要な愛情も、「三つの愛」と言われている。一つは母親の愛、それから父親の愛。それから重要なのは父親と母親が愛し合っているという愛である。この「三つの愛」が子どもが育つために必要なんだと。父親と母親が愛し合っていないのに、一緒にいるっていうのは子どもの教育に善くない。そこが日本と全く違います。育児休暇などは、スウェーデンは一年程度、子どもと一緒にいる権利が保障されています。これは父親と母親併せて一年程度なのですが、取り合いになります。父親が、自分が一緒に子どもといたい。子どもと一緒にいるのが幸せだからですね。母親は母親の方で、私が子どもといるんであなた取るの、止めなさい、というふうに言い合っているんですが、日本では子どもを押し付けあっている。何で男性は取らないの・・・っていうふうにです。これを合理的に説明しようとすると、日本人は子どもが嫌いだ、って説明できてしまう。子どものおもちゃなども、両親がデパートで、これはいいおもちゃだ、と手に取れば、必ずスウェーデン製になっていますね。それから童話なんかでも、いい童話って言うとだいたいデンマークかスウェーデンかフィンランドです。

子どもたちに教えているのは何かって言うと、家族の中では誰もが誰に対しても不幸にならないということを願い合い、幸福になることを願い合って

いるんだという確信があるってことですね。これが社会の基盤だって教えているんです。誰もがかけがえのない存在であって、相互に存在しているってことが必要なんだ。不必要な人はいない。どんなに障がいを負っていようとですね。誰もが存在していることが必要なんだってことを相互に確認し合っている。存在の必要性の相互確認、というふうに言っていいかと思いますが、それが家族の中であるのだから、そういう家族のようなものに社会全体をしていこう。そのことが結局、民主主義を支え、民主主義を効率的に有効に機能させているということです。

　民主主義が成り立っているのは二つの根拠があると思います。一つはどんな人間でも、かけがえのない能力を持っている。それからもう一つは、未来は誰にもわからないってことですね。そうするとそれを掛け合わせてですね、どういう結論になるかって言うと、未来をどういうふうにしていくのかの決定については、それぞれの社会の構成員がかけがえのない能力を出し合って、共同で意志決定した方が間違いが少ない。それがたぶん民主主義に重要な結論になるというふうに思っています。

　スウェーデンのように誰もが公共の問題に対して参加していく、"まちプロ"もそうですね。様々な社会的な問題について傍観者としてみているのではなく、自分も決定者として、つまりその問題の解決者として積極的に参加する。参加意識と共生意識。生きるってことは共にするものだ。この社会で最も重要な価値は人間の命だ。生命主義、共生主義、参加主義。これを繰り広げていくっていう地道な努力こそが結局社会を支えていくのではないかというふうに思っています。

神野直彦先生のプロフィール

日本社会事業大学学長／東京大学名誉教授
1946年生まれ。東京大学経済学部卒業、同大学大学院経済学研究科博士課程単位取得退学。東京大学大学院経済学研究科・同研究科長・経済学部長、関西学院大学人間福祉学部教授、地方財政審議会会長などを経て、2017年より現職。著書に『「分かち合い」の経済学』『「人間国家」への改革：参加保障型の福祉社会をつくる』『経済学は悲しみを分かち合うために：私の原点』など多数。

権丈善一先生の基調メッセージ

　今日、私はまちプロというミクロな動きとマクロ政策との繋がりというような話をしようと心の中で準備をしておりました。いろいろと考えていくうちに、ここはですね、まちプロに対して極めて高い関心を持ってくれている小泉進次郎さんに登場してもらおうと思いまして……。今朝がた、彼から送られてきたメッセージを読み上げます。

　○この度は、「子育て・まちづくり支援プロデューサー」養成講座6周年記念シンポジウム、誠におめでとうございます。2017年の春、自民党の若い議員たちと一緒に「こども保険」を発表したとき、社会福祉、社会保障、子育て支援関係者をお招きしてお話を聞いて勉強するという会を、権丈先生と一緒に企画しました。
　○その勉強会に大日向先生が来てくださったのは、7月10日でした。その日、大日向先生が、本当に楽しそうに"まちプロ"の話をされる姿を拝見し、居ても立ってもいられなくなって、仲間と一緒に訪れさせていただきました。大日向先生にうかがったように、そこは、お母さんたちが子育てをしやすくなるよう、悩みの相談が出来たり、一時的に子どもを預かってもらえたり、お母さんも子どもも様々な交流ができる施設でした。
　○ユニークで、同じ男性として大変嬉しく思ったのは、現役を引退したシニアのひとたちが"まちプロ"として、保育士さんたちと一緒に子ど

もたちと遊んだり、面倒をみてくれていることで、このアイデアには大変感動しました。私たちがうかがった時も、"まちプロ"の男性たちが歌遊びをやっておりまして、私はもちろん、一緒に行った議員たちも思

わず飛び入り参加してしまいました。

○人生100年時代には、最初に就職した会社だけで人生を終えることは少なくなり、自分の持つスキルを活かして次の仕事をしたり、場合によっては学び直しをして新しい職を得たりするようになる…それは、私たち若い議員が立ち上げた「2020年以降の経済財政構想小委員会」報告書「人生100年時代の社会保障へ」の中で最も言いたかったことであります。

今回会った男性たちは、まさにそんな近未来にぴったりな生き方をされている、ちょっと時代の先を生きている素敵な方々でした。このような取り組みがどんどん増えてくれることを、心より願っております。今は、自民党の厚生労働部会長という任になり、現実の政治、政策を考えていくうえで、しばしば、"まちプロ"で見聞し、学ばせてもらったことが思い出されます。本来でしたら、かけつけて直接お祝いの言葉を述べさせていただきたいのですけど、本日は統一地方選の告示翌日に重なりましたので、私からのお祝いのメッセージを、医療・介護、そして子育て支援の側面から地域包括ケアというまちづくりを推奨されている権丈先生にお願いすることにいたしました。皆さん、まちプロ6周年、本当におめでとうございます。こうしたすばらしい日本の指針を示してくださっている皆さんに、お礼を言わせてください。本当に有難うございます。

2019年3月30日自民党厚生労働部会長　小泉進次郎

さて、社会システムを考えていく上で、競争原理で動く市場とそうではない協力原理で動いていくものがあるわけです。実は18世紀の半ばに産業革命が起こるまでは、競争原理のメカニズムが中心ではなかったんですね。それが産業革命が起こっていろんなものが競争原理の側、悪魔の碾き臼と呼ぶ人

もいたわけですけれども、社会のシステム原理がどんどん競争原理の中に吸い寄せられていくわけです。ところが市場というものは、分配がとても苦手なわけでして、市場による分配に依存しすぎると、貧困とか大変大きな格差とかが生まれることになります。

そうした状況に対してディケンズたち小説家やマルクスたち経済学者も批判を強めていくわけですけれども、さすがに体制をひっくり返されるのはまずいよねっと考えたビスマルクみたいな人たちが、この社会保険料とか税とかを取っていって、市場による分配を修正してくることになるわけです。

そこで、市場原理と協力原理の混合でシステムを今動かすことになっているわけなんですけれども、私の本の中に書いているのが、人々が不幸なときにどうしても必要となる基礎的な財サービスとか、本人達の経済的責任、意志決定の責任を問うことが難しい人達が必要とする基礎的な財・サービスっていうものがどうも世の中にはある。

この部分に関しては特別に市場から外しておき、支払い能力ではなくて必要に応じて分配していきましょうということになる。不幸なときにどうして

市場の勃興と生活問題、社会保険の誕生
市場のダイナミズムの活用と引き換えに不確実性、格差が高まる

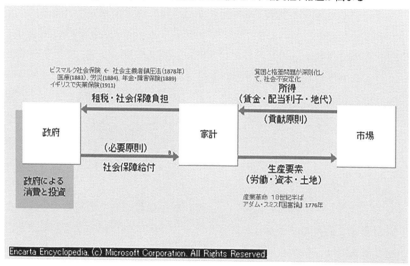

権丈(2017)『ちょっと気になる社会保障 増補版』13頁

も必要となる基礎的な財・サービスが医療、介護、本人達の経済的責任、意志決定の責任を問うことが難しい保育、教育とかについては、市場から外して必要に応じて利用できる機会を平等に保障する方針という形で国は動こうとしてきます。これは20世紀にはいって各国みんなやろうとしていったことですね。

　それで、この市場の周りにあたかも誰もが利用できる共有地のように配置した社会をつくっていこうというのが今やっていることです。やっていることなんだけれどもなかなかそれがうまくいかない。そして時々いろんな人たちがこのダイナミックな市場を、この保育とか教育とか介護とか医療の方にまで広げよう、領域を広げようとしてくるわけでして、一方で、この領域には市場原理を持ち込ませないでおこうと、このあたりの戦いを日々、神野先生とかと一緒に、一所懸命やっているわけです。

　こうした考えは神野先生の先生であります宇沢先生がおっしゃっていた社会的共通資本と通じるものがありまして、そうした領域が社会には必要になってくるよねっていうような、社会的共通資本が整備された社会をどのようにしてつくるかっていうことを、私たちの仕事はかかわっていきます。大日向先生もよくおっしゃっているように、この領域を守るためには税とか社会保険とかが必要なんですね。これがなかなか世の中の人はわかってくれないところもある。

　2012年から2013年の社会保障制度改革国民会議で、神野先生・大日向先生と私の三人は一緒でした。その三人が一緒の国民会議を起点として「医療」「介護」の改革が展開されています。

　何が変わろうかとしているかといいますと、人口は、日露戦争の頃からおよそ100年後にピークを迎え、それから100年かけて、日露戦争の水準に落ちていく。人口は大きく変わっていきます。そういう中だけれども、今から100年前と今後の社会では、高齢化水準がもう圧倒的に違うわけですね。そして、100年前は社会サービスとかいうようなものは全くなかった時代。ところがここから先になっていくと社会サービスの「ありがたみ」を知っている人たちが100年前と同じ日本人の人口規模くらいのところで生活していくことになる。さてそうした社会の中でみんなの厚生、ウェルフェア、幸せを

ダイナミックな市場を取り囲む共有地

(特殊平等主義＝ニーズに応じて利用できる基礎的サービス)

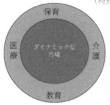

福祉国家にあっては，人々が不幸せなときにはどうしても必要となる基礎的な財・サービスや，子どもという，本人達の経済的責任，意思決定の責任を問うことが難しい人たちが必要とする基礎的な財・サービスについては，できるだけ彼らの必要性に基づいて利用できるようにすることを目的とした制度が準備されています．前者の代表例が，医療・介護であり，後者の例として保育・教育などをあげることができます．

『ちょっと気になる社会保障　増補版』10頁

市場に主に頼る社会にあっても，所得や資産に基づく支払能力だけに依存しないで，ある特別な財・サービス—それは20世紀に入って平等なアクセスが国民の権利として認識されるようになっていったサービス—については，これを市場から外し，必要に応じて利用できる機会を平等に保障する方針を「特殊平等主義」と言う人もいます．宇沢弘文さんの「社会的共通資本」にもそうした資本を必要に応じて利用できるようにするという考え方が含まれています．

この「特殊平等主義」を，市場のまわりに，あたかも誰もが利用できる共有地のように配置した社会は，「能力に応じて働き能力に応じて分配する」結果としての純粋資本主義とも，「能力に応じて働き必要に応じて分配する」結果としての社会主義とも異なる，現代的な国家の形態であるわけです．

『ちょっと気になる社会保障　増補版』11-12頁

地域包括ケアシステム

○　団塊の世代が75歳以上となる2025年を目途に，重度な要介護状態となっても住み慣れた地域で自分らしい暮らしを人生の最後まで続けることができるよう，住まい・医療・介護・予防・生活支援が一体的に提供される地域包括ケアシステムの構築を実現していきます．

○　今後，認知症高齢者の増加が見込まれることから，認知症高齢者の地域での生活を支えるためにも，地域包括ケアシステムの構築が重要です．

○　人口が横ばいで75歳以上人口が急増する大都市部，75歳以上人口の増加は緩やかだが人口は減少する町村部等，高齢化の進展状況には大きな地域差が生じています．

　地域包括ケアシステムは，保険者である市町村や都道府県が，地域の自主性や主体性に基づき，地域の特性に応じて作り上げていくことが必要です．

地域包括ケアシステムの姿

減らさないように、減ずることがないようにどのように社会をつくっていけばいいか、というようなことを考えていかなければならない。

これからは毎年100万人くらい人口が減っていく時代にもなっていきます。100万人ってどんなものっていうと、今年は大分県が無くなりましたとか、山形県がなくなりましたとかいうような時代になるわけですね。

そういう社会の中でどうしていけばいいかというと、これが要するに人口密度と行政のコストなんですが、当然、人口密度が低いと行政コストは高くなる。だからある程度集住していくコンパクトシティーというような表現が出てきたりするのはそういうことで、その中で医療が変わってきている。

昔は病院で救命延命を中心に行うという病院完結型だったのが、今、地域全体で治し支える地域完結型の医療というような形に変わろうとしています。急性期の病院の中に高齢者がたくさんいるという状況は国民にとって不幸だから、急性期の病院がそんなに多くなくていいから、そこから先、退院したあと地域全体で支えていくような社会をどうつくっていけばいいかっていうところで地域包括ケアというようなこと、医療介護のネットワーク化が必要で、大切なことは「顔の見える関係」を築いていくことだっていうようなことを国民会議の報告書の中で書いております。(社会保障制度改革国民会議報告書2013　Pp.21・29)

顔が見える関係をどうやってつくっていけばいいのか、今、そのヒントになっているのが"まちプロ"なんですね。と同時に地域包括ケアという図では「医療」「介護」のシステムにはなっていますけれども、やはりこれを活性していくためには、大日向先生とも午前中にずっと一緒に話していたのですが、地域包括ケアの中に子ども子育てというものが組み合わされることによって、ここが本当に現実に動き始めていくのではないかということを考えております。先ほどの小泉さんの方から、"まちプロ"を先見的な動き、この動きを日本中に広げていきたいという話がありましたけれども、子育てというところから次のステップ、そのさらなるステップまで進めていこうと考えていただきながら、実は今この国でミクロの"まちプロ"という動きが国の中で推奨していかなければならない、なんとしても新しいまちづくりをやっていかなければならない、新しい人間関係をつくっていかなければいけな

い、そのときのモデルとして、この"まちプロ"の経験者達がリードしていただけるような社会になっていかなければならないかというのが本日の話になります。どうも有り難うございました。

権丈善一先生のプロフィール

1962年生まれ。慶應義塾大学商学部卒業、同大学大学院商学研究科博士課程修了。博士（商学）。2002年より現職。

社会保障審議会、社会保障国民会議、社会保障制度改革国民会議、社会保障の教育推進に関する検討会の座長などを歴任。

著書に『再分配政策の政治経済学Ⅰ〜Ⅶ』『ちょっと気になる社会保障』『ちょっと気になる医療と介護』『ちょっと気になる政策思想』など多数。

鼎談〜懐かしい未来を〜

権丈

一元的価値を追うって、結構楽なんですね。会社の利益のみを考えて、それに併せてシステムを構築していって、人間関係もそれに沿って築いていく、そういうふうにやるのは結構簡単なんですけど、複数の価値の間でのバランスを取るのは、これはとたんに高等芸術になる。

けれども、やっぱり社会システムを考えるときには、たとえば効率性と公平性、正義とかの間でバランスを取ることを考えていかなければならない。この国ではそのバランスを取るような世論がなかなか生まれない。

たとえば先ほど話したアダム・スミスですが、アダム・スミスは倫理学者であり、他者との共感を説いた『道徳感情論』と経済学の原点となる『国富論』を1人で書いた経済学者であるというような非常に教養のある人が経済学を研究すれば、ああいう思想に到達できるんですけど、そうでない人達が経済学を勉強すると、効率という一元的価値を求めたり、市場が内在する価値だけを信じるようなおかしな人たちに育っていったりする。そういうような状況の中で、先ほど論じた、世代間の対立を煽るような者たちがでてくる。

実は日本の高齢者の人たちに社会保障の給付が他国よりも多く回っている

かと言うとなかなか難しいものがあり、国内の GDP 比で見ていくと高齢者向けの給付は他の先進国と比べてそんなに多くはない。だけど社会保障給付全体を100％と見立ててみると高齢者の給付は他国と比べて多く見えるんですね。その原因は GDP 比でみた社会保障給付が他国と比べて小さくって、その中で高齢者向けの給付には、年金とか既に大規模なものがあるからです。冷静にデータをみて、冷静に考えると、日本の中で世代間で対立するのおかしいよね、っていうことになるんですよね。対立を煽って、不安や不満を駆り立ててるのが巧みなひとたちを、実はこれ昔からデマゴーグって呼ぶのですが、この国では対立を煽る経済学者が多すぎた。

　そういう状況の中にどう考えていけばよいのかなって言うのがあるんですけれども。先ほどの神野先生のご報告の中で孤立って言うものが他の国に比べて圧倒的に高く、一方、民主主義というものに対する不信感が高いっていうようなことっていうのは、先生、原因はどのあたりにあるんでしょうか。

神野

　孤立感が非常に強い、というのはいつの日からかわかりませんが、"まちプロ"の活動はそれを取り戻す活動でないかと思っています。というのはですね、我々の世代、ちょっと僕はシニアの上なんで、私が子どもの頃には先ほどのお話のような、家庭を省みずと言うのはありませんでした。大人になった時にそういう生活がはじまるんで、昭和30年代って言うのは完全にですね『ALWAYS 三丁目の夕日』の世界ですから。自然がありお互いに助け合って、ウサギおいしかの山って、自然と戯れながら友人を作って生きていた。父親なんかもちゃんと時間に帰ってきて、一番最初にお風呂に入って食事をしましたので。残業して遅く帰ってきたら食事ができないわけです。なので、そういう育ち方をして大きくなった。高度成長期が始まった途端、家庭を省みずというように、だーっとやらされた。でまた戻ったときに、これはヘレナ・ノーバーグ＝ホッジが言っている有名な言葉なんですが、私たちのこれからの未来は「懐かしい未来」になるんだ。ヘレナ・ホッジ、スウェーデンの人ですね。つまり子どもたちは二つの木陰の下で育たなければならない。一つは緑の木陰。それからもう一つは人間の絆が作り上げていく木陰。この

下でしか子どもは育たないんだ。こういうふうに言っているんですが。

"まちプロ"のかたがたが私と同じ世代であれば、子どもの頃はそう育っているんですね。私が子どもの頃はお金がない。ハナ肇とクレージーキャッツというグループが歌ったんです、ぜにのないやつぁおれんとこへ来い、おれも無いけど心配すんな、と歌っているんですから。人間の絆があり縁がありそれがあればちゃんと生きていける、心配するなって歌っているんです。「見ろよ。青い空　白い雲」という言葉がちゃんと入っている、今はその環境が崩されたとき。今何をするのかというと、もう一度「懐かしい未来」を創っていくということではないかというふうに思っています。

シンポジウムを終えて—「あい・ぽーと」の実践は小さなNPOの大きな社会実験

大日向

神野先生、権丈先生から素敵なメッセージを頂き、とても励まされた思いでした。NPO法人あい・ぽーとステーションはとても小さなNPOですが、これまでスタッフと一緒に走ってきた年月を振り返って、これは一つの大きな社会実験を仕掛けてきたな、とそんな思いでした。

何が社会実験だったのか、一つには子育てのあり方を変える挑戦でした。近代以降、特に日本では戦後の高度経済成長期以降、子育ては家庭、親、とりわけ母親だけの役割とされてきました。子育てのあり方としてこれは非常に不自然で無理があります。1970年代の初め頃から、母親たちの育児不安や育児ストレスの現象が現れ、強まってきてしまったことは、母親にだけ子育てを託してきた社会の矛盾が露呈した証だったと思います。こうした現状に対して、「あい・ぽーと」は子育ては地域ぐるみ、老若男女共同参画で取り組むものだということを一つ仕掛けたわけです。理由を問わない一時保育や母親となった女性たちの社会参画支援です。

そして、もう一つは、それを支える地域の人材の養成です。「あい・ぽーと」の実践、なかでも"子育て・家族支援者"の養成、さらには団塊世代・シニア世代男性の地域活動・子育て支援のための講座を開催しました。そして、この試みが単に子育て支援にとどまらず、子育て支援を通した新たな社

会モード転換の必要性を実感することにつながったといえるかと思います。とくにシニア世代男性たちは競争原理社会の中で生き、その中で活躍してきた世代だからこそ、その限界と課題もまた痛感するところとなったといえます。

　"まちプロ"の皆さんが子育て・家族支援の活動を通して得た喜びが、"競争原理から分かちあいの原理へ"の確かな転換の必要性を見いだしたことについて、神野先生、権丈先生から、「確かに、その通りだ」と手応えのあるメッセージをいただけたことは大変嬉しく、有難いことでした。

　シニア世代が地域貢献・子育て支援に携わる動きは各地で徐々に始まっていると思います。子育ての光景もずいぶんと変わってきています。もちろん、相変わらず孤軍奮闘のワンオペ育児に苦悩する母親たちが少なくないことに胸が痛みます。でも、母親たちもただ愚痴を言うだけではなくなってきています。育児に参加してくれない夫の愚痴も言います。子育てに対して周囲の理解がないとも言います。でも、そうした母親たちの悩みは単に個人のことではなく、社会の問題だと視野を広げ、課題を直視し、問題の解決を探ろうとする強さを持ち始めています。

　女性活躍の必要性が言われて久しくなっています。政府が数年来、2020年までに社会中枢部で決定権を持つ女性の比率を30%にまで高めようという「202030運動」を仕掛けてくれたことも、男女共同参画への人々の意識の醸成に影響を及ぼしていることも考えられます。

　ただ、そうした風潮の中で、やや気になることは、男性並みの活躍だけをゴールにしていることです。競争社会で男性に伍してトップに立つこと、主要なポストについてキャスティングボートを握ることを私はけっして否定しているわけではありません。むしろ、女性たちにそうした機会が十分に与えられてこなかったことの問題は痛切に感じています。でも、その一方で、それだけを目指すことが真の女性の活躍ではないとも思っています。むしろ家族や地域等、身近な方々と共に生き、その方々もまたその人らしく輝く喜びを分かち合うという地道な努力を重ねながら、結果的にキャスティングボートを握るところまで上り詰めていく道のりの大切さを思うのです。これは女子大学で女子教育に30年余り携わってきた私の何よりの願いです（大日向雅

美『女性の一生』日本評論社 2020）。

　競争原理一辺倒の社会の弊害からの解放はジェンダー問題に携わる者に共通の一つの視点であり、私自身の母性研究もまた、そうした社会に閉じ込められて生きてきた女性の苦しさを見つめるものでした。それだけに競争社会から分かち合いの社会へのモード転換が、競争社会の真っ只中で生きてきたシニア世代男性の"まちプロ"さんたちの活動から見出されたことは何よりの力を得た思いでした。

6-1　神野 直彦先生の基調メッセージ①

6-2　神野 直彦先生の基調メッセージ②

6-3　権丈 善一先生の基調メッセージ①

6-4　権丈 善一先生の基調メッセージ②

6-5　和やかに鼎談①

6-6　和やかに鼎談②

6-7　シンポジウム会場の様子①

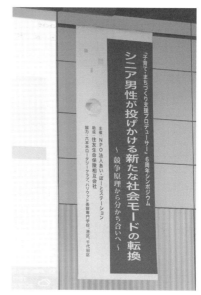

6-8　シンポジウム会場の様子②

6-9　シンポジウム会場の様子③

6-10　シンポジウム会場の様子④

6-11　シンポジウム会場の様子⑤

6-12　シンポジウム会場の様子⑥

6-13　シンポジウム会場の様子⑦

6-14　第7期まちプロ認定式

ニューノーマル時代は
共生が鍵

第7章

コロナ禍で子どもや高齢者は？

コロナが怖いという子どもたちの声

シニア世代の地域貢献・子育て支援活動を通して社会モード転換を目指したシンポジウムで、その方向性の確かさを確認し、さまざまな世代や地域の方々と共有すべく次なるステージに向けて活動を目指そうとしていたときに、突如、襲ったのが新型コロナウィルスの世界的感染でした。

文字通り未曽有の事態に直面する中、子育て中の親の窮状に手を差し伸べようと、"子育て・家族支援者"さんやシニア世代男性たち（"まちプロ"さん）がいち早く動いたことは、これまで縷々、述べてきた通りです。

そうしている中、私に２つの声が届きました。一つは子どもたちの声です。"コロナが怖くてたまりません。不安で泣いてしまいます。どうしたらいいですか？" "お友達に会いたいです。みんなも同じですか？"。2020年４月末から５月初めの連休中に放送されたＮＨＫラジオの「子ども科学電話相談」に寄せられた子どもたちの声です。

この番組は「天文」「植物」「鳥」「恐竜」「心と体」などに対する子どもの疑問に専門家たちが答える番組です。子どもならではのユニークな切り口の中にも大人顔負けの専門的な知識を備えている子どももいて、質疑応答の面白さに人気を博している長寿番組ですが、前述の子どもの声は私が出演した二回にわたって寄せられた声です。二人とも小学一年生の男児でした。「ぼくはお医者さんでもないし、薬も創れないから、ただ一所懸命、手を洗って、うがいをして、我慢してます」「お友達に会いたいなと思うと涙が出てくるの」と、受話器から聞こえてくる幼い声に答えながら、私は胸の痛みを抑えきれない思いでした。

新聞もテレビのニュースもコロナ関連の報道一色に染まっていました。感染拡大や医療崩壊等の危機に関するニュースは社会的に共有すべき重要事項です。しかし、連日、こうした報道にさらされて、子どもたちの不安と恐怖はいかばかりだったことでしょう。子どもたちの心のケアがあまりにも蔑ろにされていることを痛感させられたことでした。

一方、世界に目を転じれば、早期から子どもの視点に立ったメッセージが発信されていました。ノルウェーのエルナ・ソルベルグ首相やデンマークの

メッテ・フレデリクセン首相をはじめとして、パンデミックを見事に収めた女性首相たちは、テレビ番組を通して子どもたちに直接メッセージを語りかけ、あるいは子どもだけの記者会見をして質問に答えたと報道されていました。子どもにもわかりやすくコロナについて正しい知識を伝え、皆で立ち向かう大切さを説く姿勢には、子どもたちを社会の一員として認めて共に闘おうとする姿勢が伝わり、それが同時に大人たちにとってもコロナ禍を乗り越えようという共感の高まりともなったと聞きます。しかし、日本社会は子どもに向けた情報提供と理解の共有にどれほどの配慮があったでしょうか。日本社会における子どもの位置づけの脆弱さを思わざるを得ませんでした。

　緊急事態宣言がいったん解除され、登園・登校が始まった後にも、子どもたちに向けて適切なメッセージが届けられることは少なかったと思います。再開された園や小学校で、「互いにふれ合わない」「マスクを外したときは絶対にお話をしない」という指導を徹底している先生方の姿がニュース等で度々伝えられていました。感染拡大防止に必死で取り組んでおられる様子に頭が下がりました。「三密」を避ける工夫と衛生管理に注がれている現場の大変さはいかばかりだったことでしょう。ただ、そうして感染予防対策に多くの関心が向けられエネルギーが注がれる中で、「人はばい菌だらけ」「人に触れることは危い」という認識が子どもたちに植えつけられることはないか、それが子どもの成長発達に取り返しのつかない影響を及ぼしかねないのではないか、人に抱きしめられ、友達どうしで触れ合って育つ経験が何よりも大切なこの時期です。「今は、お友達と触れ合わない、互いにさわらないようにしましょう。でも、それは大切なお友達を守るため、そのお友達の大切な人や家族を守るため、みんながもう一度、仲良く遊べる日を迎えるためなのですよ」というメッセージを添えることを忘れてはならないと思います。

　身を縮める高齢者たち

　そして、もう一つは高齢者の方々の声でした。と言っても正確には高齢者の身近にいる方々からの声でした。「うちの母は、ずっと家に閉じこもりがちです。感染が怖いから、お互いに行き来することを控えている状況です。みんなに迷惑をかけないよう、ただただじっとしているからと言われて、切

ないです」と。似たような声が次々に届けられてきました。テレビやラジオ等のメディアでも、コロナ禍で高齢者の感染に特段の注意を払う必要があるとの情報があふれていました。感染の怖さから、さらには自身が感染源になってはいけないという配慮から、地域からも肉親からも距離をおいて孤独を深めている高齢者の方々の様子でした。

コロナ禍のピンチをチャンスに—オンラインシンポジウムで全国展開の本格的始動

　居場所を奪われた子どもとお年寄りの声や姿に接して思われたことは、コロナ禍がもたらした社会の分断、人の分断の深刻さでした。「フランス語の"孤立"（solitaire）は、一文字置き換える（ t → d）と"連帯"（solidaire）になる」とはアルベール・カミュの言葉です。コロナ禍にあって改めて人と人との絆、連帯の大切さが思われました。

　今こそ、孤立を連帯へとつなげる哲学を私たちは社会に取り戻さなくてはならない、そんな思いから再び三密を避けながらも"まちプロ"さんたちとの勉強会を持ちました。「コロナ禍のピンチをチャンスに変える活動ができるのではないか」という発想にたどり着くまでに、時間は要しませんでした。人を元気にするのは人だという思いは、誰もが強く感じていたのです。

　人とのふれあいの尊さをこれほどまでに痛感させられたコロナ禍。そうであればこそ、コロナ禍のピンチをチャンスに変えよう。"まちプロ"さんやスタッフとの勉強会から実現したオンラインシンポジウムのチラシの文面です。

　新型コロナウィルスの感染拡大は、社会の分断、「人」の分断を促しました。「人」を元気に、豊かにするのは、何より「人」とのふれ合いから。だから地域社会に「出番」と「居場所」を見つけて、生きがいあふれる生活を送りたい。それは、とりわけ孤立・孤独になりがちなシニア世代に求められることではないでしょうか。共に支えあい、語りあい、元気に過ごす…そうした「共生」の社会を開いていくのは、あなた自身の「一歩」からです。

　本シンポジウムでは、（1）「居場所」をどう見つけていくか　（2）各地での果敢な実践例をさぐる　（3）シニア男性の社会参加に先駆けてきた"ま

ちプロ"をモデルに、地域貢献の活動を深化させる道を探ります。

・3回のシンポジウムのテーマと各回の登壇者は以下の通りです。

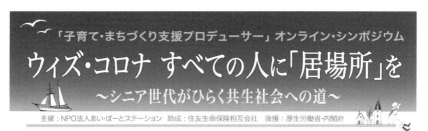

「子育て・まちづくり支援プロデューサー」オンライン・シンポジウム

ウィズ・コロナ すべての人に「居場所」を
〜シニア世代がひらく共生社会への道〜

主催：NPO法人あい・ぽーとステーション　助成：住友生命保険相互会社　後援：厚生労働省・内閣府

プログラム　★すべてZOOMによるオンライン・シンポジウム。各回参加者は、感想等をリアルタイムで送信可。

【第1回】 新しい共生のカタチへ 2020年11月7日(土) 15:00〜16:30	◆ 基調講演① 「コロナ禍の子どもたちの居場所」 山口 正行（厚生労働省子ども家庭局家庭福祉課虐待防止対策推進室長） ◆ 話題提供 「世代を超えた居場所の実現」 森田 眞希（NPO法人 地域の寄り合い所 また明日 代表理事） ◆ 基調講演② 「新たな"つなぎ直し"の時代に」 宮本 太郎（中央大学法学部教授） 「参加者による討論」
【第2回】 新時代への種まきプロジェクト 2020年12月12日(土) 15:00〜16:30	◆ 基調講演① 「参加・協働の在り方 少子化対策の観点から」 泉 聡子（内閣府子ども・子育て本部参事官(少子化対策担当)） ◆ 基調講演② 「社会貢献と生きがい・健康をめぐって」 藤原 佳典（東京都健康長寿医療センター研究所研究部長） 「参加者による討論」
【第3回】 まちプロ全国展開へ 2021年1月24日(日) 15:00〜17:00	「シニア世代の【これまで】と【これから】」 ◆ 基調講演① 権丈 善一（慶応義塾大学商学部教授） ◆ 基調講演② 高木 美智代（衆議院議員・元厚生労働副大臣） ◆ トークセッション　高木 美智代　　権丈 善一 汐見 稔幸（東京大学名誉教授・本法人理事） 司会：大日向 雅美（恵泉女学園大学学長・本法人代表理事） 「若い世代からのメッセージ」 後藤 慶太郎（厚生労働省子ども家庭局家庭福祉課 虐待防止対策推進室自治体支援係） 八木 万祐子（内閣府 子ども・子育て本部参事官(少子化対策担当)付） 〜「つながりま賞」授賞式〜

・「つながりま賞」を新設

　このオンラインシンポジウムでは「つながりま賞」*を新設しました。これまで"まちプロ"の活動は、参加者も活動拠点も主に東京を中心とした首都圏に限られていました。でも、各地にはシニア世代男性がたくさんいて、「あい・ぽーと」の"まちプロ"と同じような理念や思いで活動をしておら

れることでしょう。あるいは、何かしたいと思って、活動のきっかけを探している方々も少なくないことと思います。2019年にシニア世代男性の活動の全国展開を願ってシンポジウムを開催したことは前章で述べた通りですが、このコロナ禍をきっかけに、各地のシニア世代にオンラインで呼び掛けてみてはどうかという発想でした。

"まちプロ"活動は、2013年のスタート時点から、住友生命保険相互会社の助成をいただいています。新型コロナウィルスの感染拡大でさまざまに行動の自粛が求められ、"まちプロ"活動も思うようにできない状況下にあっても、変わらず助成をいただけました。通常の地域活動に替えてオンラインシンポジウムの開催ができたことは誠に有難いことですので、僭越ながらこの助成金の中から"つながりま賞"に応募いただけた団体等への助成金として使わせていただけないかと打診したところ、快諾いただけての新設でした。

　*つながりま賞
　　スクラム組みま賞：すでに活動実績があり、本法人と互恵的な関係が
　　　　　　　　　　　発展できる団体
　　一緒に歩みま賞　：ようやく活動を始めたばかり、あるいはこれから
　　　　　　　　　　　スタートする団体

参加者の声からたどる共生社会への手がかり

3回にわたるオンラインシンポジウムでは、毎回、200名近い方々が各地から参加して下さいました。とても寒い季節で、時には雨の降る回もありましたが、それでもたくさんの方々に参加していただけたのは、オンラインのメリットかと思います。

ここでは、参加者の方々がアンケートに答えてくださった声からシンポジウムの模様をお伝えしたいと思います。

第1回シンポジウム―新しい共生のカタチへ

基調講演①「コロナ禍の子どもたちの居場所」

山口正行氏（厚生労働省虐待防止対策推進室長）について（抜粋）

* 虐待に関する数値を示していただき納得した。子育てが孤育てになっている現状がわかった。
* 子育ての環境変化＝子育てが孤立している＝という事実に改めて胸が痛みました。
* 普段なんとなく分かっていたことをデータで示していただき、より実感して今後の社会をイメージできました。
* 虐待が深刻な状況であることがわかりました。支援にどうつなげていくか、地域の中でできることから始めてまいります。
* 社会全体で子育てを支えていく必要性を改めて考えさせられました。
* 研修参加が難しくなってしまった今、厚生労働省の今を聞くことができてとても良かったです。
* ご自身がリタイアされたときのことを実感をもって想像しながら日々の業務にあたってくださっていることは、国民にとっても大変意義があり貴重だと感じました。

話題提供①「世代を超えた居場所の実現」

森田眞希氏（NPO法人地域の寄り合い所　また明日　代表理事）について（抜粋）

* とても理想的な居場所だと感じました。ぜひ地域で取り入れていきたいと思います。
* すごい！！です。こうなったらいいなぁが詰まった素晴らしい活動。一歩でも半歩でも近づけるよう頑張っていきたいと思います。
* 写真の数々と説明に涙が溢れた。地域に広がってほしい。
* 子ども、高齢者、障害者の壁を取り払うということがどれだけ自然で豊かであるか、「また明日」の様子をみて感じました。
* 高齢者や子どもたちが一方的に支えられる側ではないという実践はとても素晴らしいと思いました。質疑応答の中でも出てました

が、子どもの接し方を心得ているお年寄りばかりではないでしょうから、保育者、介護者の関わり方が大切だと感じました。

* 介護施設と保育施設を組み合わせることについて、実際に起きていることを印象的な写真でリアルに伝えていただき、大変勉強になると同時に、心にぐっと刺さりました。理想的には良いけれど、実際には難しいだろうではなく、実際にこういう素晴らしいことができるのだ、と感動しました（もちろん相当のご苦労があってのことだとは思いますが）。また、「頼られることが嬉しい」という言葉には心から共感いたしました。

* 写真を使った解説はとても説得力があり分かりやすかったです。デイケアサービスで来ているお年寄りと通ってくる1～2歳の幼児のやり取りの様子に、言葉を超えたコミュニケーションが成立すること、助け合い楽しみ合っている様子をつぶさに感じさせられて、素晴らしかったです。また大学生が幼児を膝に置いてミーティングしている様子もほほえましく、人と人が触れ合う大切さを改めて知らされた思いです。まさに、世代、性別、障害の有無の壁を越えて支えあう社会の実現に私たちシニアが積極的に参加していくべきだと考えました。

* 幼老共生の実例に感動、「また明日」、頑張って下さい

基調講演② 「新たな"つなぎ直し"の時代に」
宮本太郎氏（中央大学法学部教授）について（抜粋）

* 具体的な3つのつながりを示していただき、わかりやすく聞かせていただきました。
  シニア世代、キッズ、子育て世代の若い方々が、つながる共生社会へと自分の身近なところから発信したいと思います。

* 男性は早めに地域デビューした方がよいという意見に賛成です。

* シニアの男性が元気になることが地域の力の倍加になります。期待します。

* 老老介護の現実を直視、シニアとシニアのつなぎ直しを図ること、

地域の子育て支援のためにシニアと子どもをつなぐこと、それぞれのつながりからやりがいや生きがいが生まれるというお話、ためになりました。私も子育て支援者や、家庭的保育の補助員をして子どもたちと接していますが、おかげで地域の中で孤立せずに済んでいると感じることがあります。子どもたちとのふれあいもさることながら、支援者同士のちょっとした声掛けや、仕事のやり取りを通して人とかかわることの喜びがいかに大きいかに思いが至ります。

* ３つのつなぎ直しというテーマで、課題とその解決事例などをご紹介いただき、非常に勉強になりました。特に、シニアとキッズのつなぎ直しが「人類のミッション」ということは、本当にその通りだと思い、自分もそのような活動ができるシニアになりたいと思いました。

* お話を聞いて、宮本先生のご著書『共生保障』（岩波新書 2017）をすぐに購入しました。

* どちらかが支える、という図式ではなく、どのような立場にあっても、「支え合う」という「助け合い」が必要なのだと気づかせていただけました。

* 年齢を超えた居場所づくりの大切さ、シニア世代が地域へ溶け込む際の問題点をわかりやすく教えてくださり、ありがとうございました。決して他人事ではなく、自分にはこれからどういったことができるのか考えて行動していきたいです。

* 「仕事以外の社会への貢献の仕方」というのを考えさせられました。特にシニアパワーをどう活かすのか、社会のミッションだと実感しました。

第２回シンポジウム―新時代への種まきプロジェクト

基調講演①「参加・協働の在り方　少子化対策の観点から」

泉聡子氏（内閣府子ども・子育て本部参事官）について（抜粋）

* 統計資料を基に、わかりやすい説明をしていただけたと感じてい

ます。

* 国でも多種多様で幅広い少子化対策に取り組んでいることがわかりました。

* 少子化対策には、男性の育児参加、育休取得が絶対に必要だと思います。

* 地域少子化対策重点推進交付金の存在や事例としてシニア層の掘り起こしとマッチングがあることは参考になりました。

* 急激な少子化にどのように対応するか、社会の大きな課題と思う。触れ合う社会づくりが大切。周囲のことに常に関心を持つことが必要。

* 現状、合計特殊出生率が1.36と2を下回っており、少子化が回避できないことだと分かりました。その上で、令和時代の多様なニーズに合った子育て支援を進めていくべく、全国で様々な支援活動の事例を紹介いただき、「アンケートによるニーズの把握」や、「団体同士の交流の場をつくっている事例」は非常に参考になりました。また、泉参事官は子育てをされながら、お仕事、様々な活動をされていると伺いました。私はこれから社会に出る20代なので、女性としてお話を伺う機会があれば良いなと存じました。

* 内閣府が示している少子高齢化対策の中での「子育ての担い手の多様化」の位置付けと、その重要性を知ることができました。また、各地で実施している良い事例もご紹介いただき、タマゴ（他孫）育てネットワークなどの面白い言葉も知ることができました。

* 現在の少子化の状況、そしてその対策について、具体的な活動の話も伺うことができ、学ばせて頂きました。

* 団塊世代の男性です。世間ではGo Toがありますが、是非ともGo To子育てボランティアにも点数をもらえると、モチベーションが上がりますのでご検討ください（笑）

基調講演②「社会貢献と生きがい・健康をめぐって」

藤原佳典氏（東京都健康長寿医療センター研究所研究部長）について（抜粋）

* 今の自分の立場で、何ができるのか、一つの答えを見つけることができたと思います。

* シニア活躍による「三方良し」の効果に関する実証例が非常に興味深かったです。シニアが活躍することで、活動する本人だけでなく、子ども、保護者、地域住民等、様々な方面へ波及効果が生まれていくことが、統計的に示されていることから、聞いていて非常に分かりやすかったです。またソーシャルキャピタル「信用」について、いかにそれが重要かということを改めて感じました。私はまだ20代でシニアではないですが、まずは自分の両親、そして将来的には自分がシニア世代となった時に、読み聞かせボランティアであったり、地域貢献できる活動を月に１回以上はしよう！と決意しました。

* 共生社会の肝は「三方良し」が重要だと確認させていただきました。絵本の読み聞かせが高齢者のフレイル※・認知症予防になるというのも参考になりました。（※加齢とともに心身が衰えた状態になること）

* 多世代交流に関する研究結果をご紹介いただき、以前から良いことだとは思っていましたが、実際にエビデンスのある効果を知ることができ、勉強になりました。特に、シニアの６年間の読み聞かせにより、海馬の萎縮を抑制するという効果が確かめられたという結果は、とても素晴らしいと思いました。

* このようなテーマでの講演は初めてでしたので、今後の自身の生きる姿勢を改めて考える貴重な機会となりました。

* 絵本の読み聞かせのお話がとても参考になりました。シニアが子どもたちに、そして子どもが老人施設で、読み聞かせができるような国になったら、素敵ですね。

* シニアの男性は様々なスキルを有している方も多いと思います。気軽に子育てに参加できるシステムがあれば駆けつけると思いま

すので、きっかけづくりをお願いします。

* 高齢でも若者でも、他世代などと幅広く交流することが健康度を上げることは面白いデータでした。

第３回シンポジウム―シニア世代の【これまで】と【これから】

基調講演①高木美智代衆議院議員・元厚生労働副大臣について（抜粋）

* 少子化対策や子育て支援に関する政策について、背景を含めて理解することができました。市民の声をよく聞いて検討されていることが印象的でした。

* コロナで大変なこともありますが、これを変えるための良い機会として今後も前向きに活動に取り組みたいと思いました。

* 小さな声を粘り強く政策につなげられて素晴らしいと感じました。

* 草の根ネットワークで生活者目線での施策にはいつも頭が下がります。これからも応援します。

* 現場に根ざした施策をどうぞよろしくお願いします。デジタル化で、地域に相談員を作るのはとてもいい考えです。高齢者は家族に遠慮してスマホの操作を聞けません。TV の画面とスマホが連動して、TV 画面に向かって相談できるといいですね。TV ならどこの家庭にもあるし、画面も大きいし、オンラインで対面で相談出来ます。

* 現場をよく理解していろいろ提案していただいてると感じました。

* 高木先生のお話にございました、不妊治療の壮絶さは私の身内に於いても目の当たりにしておりましたので、かねてより国を挙げて支援すべきだと感じておりました。助成金は議員皆様のご尽力の賜物と存じます。また、「なんちゃって育休」については港区のママ達もよく口にされ、不満を漏らされる実状のひとつと思われます。やはり男性の意識、行動には現代に適した変化が社会の為に必要なのでしょう。

* ありがとうございました。一つ一つ実現に向かっているので、心強く感じています。

* 「誰一人として取り残さない　地域社会づくり」のために、高木さんが地域を取材してまわり、政府に働きかけ、新しい制度を私たちのために作って下さったことに感謝の気持ちをもって聞いておりました。

* 子育て支援については、一番には夫婦がともに協力して子育てを共同して行うことが重要と考えます。男性からの立場としてやはり、子育てのための男性の育児休暇の取得を促進することと、育児についての講座を受講することで、育児の大変さを知り、育児に積極的に取り組む意識付けが出来ると思います。

* 女性が生涯活躍できる社会のために、女性議員の皆さんには政策や法律を改正する機動力になっていただきたいと思います。男性の育休が定着しますように！

* 政治家、議員としてやるべきことをやってくださっている姿に感銘を受けました。

基調講演②権丈善一氏（慶應義塾大学商学部教授）について（抜粋）

* 頭がついていかないくらいの情報量でおぼれそうでした。

* 大事なことばかりで一つも取り残さないようにと集中しました。権丈先生の本などをしっかり読み、復習しないと、と思っております。

* 「砂漠を緑にする経済、高齢者は地域の宝。競争経済はもういい。今こそ助け合いと言おう」というメッセージに心打たれました。私は競争を求められながら、制度もまだない時代に、子育てをしながら仕事をやめずに必死に働いてきました。今こそ、助け合い、と私も一緒に叫びたいです。中村哲さんの話のときには、泣きそうになりました。すばらしいお話でした。ありがとうございました。

* 少々難しい内容もありましたが、勉強になりました。両親が地元の商店街の振興に携わっていたので、地域の皆様に育てられた気持ちが大きくあります。権丈先生の話を伺い、40歳を過ぎた私が、

今度は振興に関わり、シニア層と若い世代をつなげていこうと、改めて思いました。ありがとうございました。

* 高齢者は東京に最も多く、これからも増える、孤立化する、といった話で、地方に医療や介護の不安を無くした上で地方に移住という話は新鮮でした。顔の見えるネットワークが地方に作れるならば、水や空気は美味しいし、食べ物も美味しいし、土地もあるし、とてもいい発想だと思いました。

* 「住み慣れた町で」を外すという発想は衝撃的でしたが、その枠を外して考えることで広がる選択肢に目を向けることができました。人の生産性ばかりに注目が集まりがちな中で、「高齢期と言おう。みんながいずれは迎える、同じ人間だぞ！」というご発言にも共感いたしました。

* 高齢期を豊かに過ごすためには、健康と友人と、社会との繋がりが大切だと思います。改めて、支援活動を続けることを目標にしたいと思いました。

* 灌漑施設としての社会保障というお話が興味深いと思いました。高齢者の移住により有効需要が地域間で分配される。そして、その有効需要を取り込むことで地域の経済も活性化する（それを担う現役世代も増える）ということだと理解しました。その時に、移住した高齢者が"まちプロ"のような活動を通して、その地域の若い世代を支援することで、上記のサイクルをよく回す潤滑油のようになると思い、"まちプロ"のような活動の重要性を改めて感じました。

* 発想が新鮮に感じました

* 社会保障だけでは、補えない部分があるので、互いに助け合い・支え合うことが必要であり、暖かな人間関係が必要であるとのことでした。暖かい人間関係作りには、社会生活や長い人間関係の中で造られたものが"まちプロ"で活動しているシニア世代にはあると思いますので、それが役に立つと思いました。

* 高齢者の地方誘致により、医療と介護への資金が使われることで、

地方の活性化がなされるとのことや、人口減少で医療機関の統合・公的化が必要になる等、今後の社会変化についても参考となる話を伺い、興味が湧きました。

＊ 年金制度、介護保険制度などの社会保障制度の理解をいかに若い世代に伝えていくかが大切と感じました。

＊ 権丈先生の率直な語り口に拠る、まるでNHKの「欲望の資本主義」を観ているようで面白く興味深く拝聴できました。年若い世代にお話しいただきたいほど説得力がございましたので、そのような機会があれば良いなと願います。

＊ 貴重なお話をありがとうございました。今後の活動に活かしていきたいです。

　若い世代からのメッセージに対しても感銘を覚えたという声がたくさんありました。内閣府と厚生労働省のお二人は、オンラインシンポジウムの企画当初から関心をもって参画してくださった方ですので、ここにメッセージを紹介します。

八木万祐子　内閣府子ども・子育て本部参事官（少子化対策担当）付
　内閣府で少子化対策を担当しています。本シンポジウムへの参加にあたり、昨年より、あい・ぽーとステーションにお邪魔しています。大日向先生をはじめ、スタッフの方々が大変温かく迎えてくださり、いつも心休まるあたたかなひとときを過ごしています。木のぬくもりが感じられる落ち着いた空間で、"まちプロ"さんに作っていただくコーヒーもおいしく、とても素敵なところです。

　あい・ぽーとステーションにお邪魔し、初めて、"まちプロ"さんの姿を拝見しましたが、みなさん黙々とご自身の仕事に取り組んでおられ、現役時代から一流の仕事人だったに違いない、という方ばかりです。仕事はしっかりこなしながらも、出しゃばりすぎず、安心感があるのが、"まちプロ"さんの魅力と感じています。

　私が今後、東京で子育てをすることがあれば、近くに頼れる親戚もいない

ので、行政や地域の子育て支援を頼りたいと思います。あい・ぽーとステーションや“まちプロ”さんのような方がいてくだされば、とても心強いでしょう。また、近くに親戚や頼れるご近所さんがいる環境で子育てをする方も、自分の親だと子育て方針が合わずに喧嘩したり、いつも同じ人に頼るのは気がひけて遠慮したりと、思い通りにいかない場面があると思います。そんな時に、行きたい時だけ行けばいい、行きたくない時は行かなくていい、ができる、「あい・ぽーとステーション」や“まちプロ”さんのような地域の子育て支援が、子育て家庭の力強い味方になると思います。

　私自身は、専業主婦家庭で育ち、母親が家事・育児の全てを担っていましたので、自分の父親に子育てを手伝ってもらうという発想にはなれないのですが、逆に、よそのお父さんだったら頼れるかな、と思うので、現役時代に子育てに一切関わってこなかったという方も、ためらわず、チャレンジしていただきたいと思います。

　また、リタイア後に活躍するシニア男性の姿は、若い男性のお手本にもなると思いますので、性別や年齢関係なく子育てに携わる姿を見せていただきたいと思います。最近は、「男性も、家事や子育てができないと結婚できない」「『ママを手伝う』ではなく『一緒にやる』でないと離婚される」、ということを伝えていっていただきたいです。

　なお、本日は、子育て支援に携わる行政の方々もご視聴いただいていると思います。行政の現場でも、子ども・子育て担当の方々は、待機児童問題からコロナ対応まで、多くの仕事をこなす多忙な日々を送られていると思います。子育て支援の担い手にシニア層を、と言われても、高齢者担当部局は別で役所の中では縦割りになってしまうと思います。内閣府でも、少子化担当の近くに高齢担当の部署がありますが、仕事の関わりはあまりありません。役所の縦割りの解消は難しいですが、子育て支援やシニア層の活躍に取り組む「あい・ぽーとステーション」のようなNPO法人や民間団体の活動を通じて、行政の現場も互いの連携の有効性に気づくことができればよいなと、自分自身への戒めも込めて感じました。

後藤慶太郎　厚生労働省子ども家庭局家庭福祉課虐待防止対策推進室

　近頃は、少子高齢化による地域のつながりの希薄化などにより親戚（おじ・おば・いとこ等）や隣近所の方々と接する機会が失われているといわれています。

　私自身の経験としては、一人暮らしを始めてから今までの約9年間、隣近所との付き合いはほとんどありません。これは、私が単身者の多い建物に暮らしていることも一因かと思いますが、一人暮らしをするまで生まれ育った地域では、同じ市内におじ・おば・いとこが在住しており、毎年お正月の時期には、親族が集まり、おせち料理などを皆で囲んでいただくことが恒例でした。改めて、こうした経験はすごく大切な時間だったと感じますし、私にとっての一番身近な「人生の諸先輩」にあたる存在だと感じます。

　本シンポジウムのテーマにあるように、新型コロナウイルス感染症の感染拡大により、従来の生活様式から大きく変容を求められています。イベントや会議などのオンライン化、不要不急の外出の自粛などといった生活様式の変容が求められる中で、皆の「居場所」、「つながり」の確保が求められているといえます。本シンポジウムの主催者の大日向先生もこの厳しい状況の中、「あい・ぽーと」で子育て支援のためのイベントなどを感染症拡大に最大限の配慮をしながら、実施されています。"まちプロ"という取組は、現役世代に培った経験を次の世代である若い世代につなげていく＝シニア世代、若い世代が地域で共生、寄り添い合うかたちを目指すものです。こうした世代を超えた取組を実施することで地域において、私が経験した意味での親戚同士のような関係性を築き、支え合うことができればよいなと思います。

　私はこれまで「人生の諸先輩」といえる親族、隣近所、学校の先生、大学や職場の先輩から様々なことを教わってきました。私からのメッセージとしては、是非、シニア世代の方々には、私たちにはない経験を色々と教えていただきたいです。同世代の方々は、地域に積極的に関わりを持ちましょう！！まずはそこから、皆で世代を超えた寄り添い方のコミュニケーションを一緒に作って行ければよいなと思います。

"つながりま賞" を授与させていただいた団体は以下の通りです。

【スクラム組みま賞】

いとしまこども食堂ほっこり　様

　◇団体の取り組み

（1）「つくる」「たべる」「かたづける」をテーマに、中、高、大学生の精神的な自律と、物事を一人で行える自立を地域で支援する調理支援、（2）地域のさまざまな特技をお持ちの方をゲストティーチャーとしてお呼びして、こども達の可能性を広げる体験支援、（3）子ども達だけでなく、高齢者の生涯学習を含めた学習支援、の3つの柱で多世代ふれあい交流を目的に活動を行っている。

　◇授賞理由

　高齢者男性の地域活動への参加に繋がる活動を取り入れ、定年後、家に引きこもることにならないよう、子ども達と一緒にさまざまな交流・体験をしていただき、世代を超えたお友達を作り、地域に溶け込むきっかけを作り、高齢者男性を含めた「自立」と「自律」に向けた取り組みを行う点。

NPO法人みんなのくらしターミナル　様

　◇団体の取り組み

　九州つなぎ隊や地域包括ケアシステムの構築、防災、被災地支援など地域の中間支援活動を行っている。特に九州つなぎ隊はシニア男性の参加も多く、地域デビューや社会活動への参加の入り口になっている。九州つなぎ隊に参加して他の地域で活動することにより、人の役に立つ喜びに気付き、それが生きがいにつながり、日常的なものにもつながっていく。

　◇授賞理由

　「いま動ける人」同士が、場所や分野の枠にとらわれず縦横無尽に「つながって」情報を共有し、多種多様な問題解決への具体的な行動への筋道を立てている点、「小さなつながり」をいくつも積み重ねて連鎖させることにより、住民レベルで日常的に助け合い、支え合っていけるような流れを展開している点、男性の早い時期からの社会参加を目指している点。

【一緒に歩みま賞】

　一般社団法人　社会デザイン協会　様

　◇団体の取り組み

　　地域づくり、人づくりを中心に活動している。

　　名古屋市のなごのキャンパス（名古屋駅近くの廃校となった小学校の建物を活用したインキュベーション施設）において、留学生就職塾を始めた。

　　また、コミュニティー図書館をつくり、地域づくりの拠点づくりを進めようとしている。

　◇授賞理由

　　内閣府の「地方創生SDGs官民連携プラットフォーム地域人材育成のための分科会」を設立し、資格制度を作り出そうとしている点。そして定期的に勉強会を開き、地域で活躍する人づくり活動を推進していこうと、その拠点づくりを進めている点。

オンラインシンポジウムを終えて

　競争原理から分かち合いの原理へと社会モード転換を図りたい、それが前章で述べたように、「あい・ぽーと」の"まちプロ"さんたちが7年の時間をかけて紡いで到達した一つの結論でした。いざそのための全国展開をと願っていた矢先に新型コロナウィルスの世界的感染拡大という未曽有の事態に直面してしまいました。従来の"まちプロ"活動もできなくなるという思いがけない制約を受けましたが、結果的にはオンラインシンポジウムによって、奇しくも全国の方々と手を結びあえることができた感があります。まさにコロナ禍のピンチをチャンスに変えられた思いです。

　「ウィズコロナ　すべての人に『居場所』を」と題した本オンラインシンポジウムの副題を「〜シニア世代がひらく共生社会への道」としたことには、これも前章でご紹介した全国展開を期してのシンポジウム「シニア世代男性が投げかける新たな社会モード転換〜競争原理から分かち合い」を土台としたものでした。そのシンポジウムに登壇くださった神野先生の「共同体にあっては、すべての共同体の構成員が、共同体に参加して任務を果たしたいと願っている。高齢者であろうと、障害者であろうと、誰もが掛け替えのない

能力を持っている。しかも、そうした能力を共同体のために発揮したいという欲求を持っている。そうした欲求が充足された時に、人間は自分自身の存在価値を認識し、幸福を実感できるからである」（「『分かち合い』の経済学」岩波書店　2010）が、私たちの"まちプロ"活動と一致したとの思いを基底としたものでした。

　そうして開催したオンラインシンポジウムに登壇してくださった方々のメッセージは、まさに「分かち合い」の思想とはいかにあるべきかを、アカデミズムの立場から理論的に、行政の立場からは施策として、さらにはNPOの実践として、鮮やかに示していただけたことは、参加者の声からも伝わってくるように思います。

　"まちプロ"さんたちは、地域での子育て・家族支援を行うことで自ら生きがいを覚え、幸福を実感し、いきいきとした生活を送る中で「分かち合い」の思想を実践してきました。権丈先生が2019年に実施した全国展開シンポジウムで、新たな社会保障制度を確かなものとするためにも"顔の見える関係"の構築の必要性を強く打ち出され、そのヒントの一つが"まちプロ"だと言われましたが、今回のオンラインシンポジウムでもその点を再度、強調しながら、"高齢者は住み慣れた街で暮らすという発想"は転換が必要だと指摘されたことは斬新でした。医療や介護の不安を無くすことを前提としたうえでのことですが、地方は水も空気もおいしく、食べ物も豊富にある。住み慣れた都会暮らしにこだわるのではなく、新しいまちづくりをしていかなければならない。そこで大切なのは顔の見えるネットワークの構築であり、地域包括ケアの中に子どもと子育てを組み込んでいくという観点からも、"まちプロ"に可能性が見いだされるとのご指摘でした。

　そもそも今回のオンラインシンポジウムは、コロナ禍で高齢者と子どもの居場所がなくなっているという危機感から発したものでした。高齢者や子どもに共通していることは、主な生きる場が地域のコミュニティだということではないでしょうか。地域との繋がりの重要性は、障がいを得て移動に困難性を抱えがちな人々にも共通しています。顔の見える関係は、「支える」側と「支えられる」側に役割を固定することなく、むしろ、誰一人として取り残さないというSDGsの理念に基づいて、人と人との絆を確かなものとする

ことにつながるはずです。

　シニア世代男性たちが"まちプロ"講座に集まった当初、定年後の虚しさをつぶやいた詩をご紹介しました（第2章）。それから数年後、まちプロ活動を経た新たなつぶやきを、同じく広岡守穂先生が詩としてまとめ、曲にしてくださいました。

題して"「あい・ぽーと」の希望のうた"です。

作詞：広岡守穂　作詞；作曲：茨木大光

1　みんなでみつけた勇気と希望　人って　変われるものだから

　　人が変われば　社会が変わる

　　みんなでつくる　地域のきずな　人って　つながるものだから

　　人をつなげば　地域が変わる

　　この社会が空なら　真っ白な雲のような人

　　そんな人を育てる力に　なりたいと思っています

2　みんなでみつめた　未来の光　人って　やさしいものだから

　　人がうたえば　こだまがひびく　みんなでつくる　ふれあいの絆

　　人って　あたたかいものだから　人がつどえば　愛が広がる

　　この社会が海なら　浪のしぶきのような人

　　そんな人を育てる力に　なりたいと思っています

　　みんなでみつける　未来のしあわせ　人って　素晴らしいものだから

　　心が通えば　未来がきっと輝く

　地域の人々が"子育て・家族支援者"として、また"まちプロ"として、子どもとその親への支援に携わる活動は、幅広い世代が共に生き、苦楽を分かち合いながら、一人ひとりがかけがえのない居場所と生きがいを見出せる社会創りにつながる可能性を秘めていると思います。「あい・ぽーと」が目指してきたものの価値を確認し、これからもその方向に歩み続けていきたい、そんな思いを皆で分かち合えたオンラインシンポジウムでした。

「あい・ぽーと」の誕生から今日までを振り返って思うのは、「あい・ぽーと」は小さなNPOですが、大きな社会実験に取り組んできたのではないかということです。これからも続く挑戦の道のりの先に、改めて明るく確かな道標を得たことに感謝の思いです。

7-1　オンラインシンポジウム

7-2　オンラインシンポジウム（第1回）

7-3　オンラインシンポジウム（第2回）

7-4　オンラインシンポジウム（第3回）

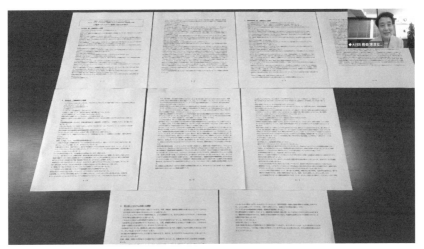

7-5 参加者の声

7-6 つながりま賞のご案内

子育てひろば「あい・ぽーと」について

「あい・ぽーと」の概要

　NPO法人あい・ぽーとステーションは2004年に東京都港区青山に、2016年に東京都千代田区麹町に、子育てひろば「あい・ぽーと」を開設し、行政と協働で運営しています。その活動は、老若男女共同参画で地域の育児力向上とともに、シニア世代男女の社会参画支援を行政・市民・企業・大学との協働でめざしています。一言でいうと、新たな地域創り・生きがい創りに向けた「社会実験」に挑戦しているNPOです。

「あい・ぽーと」という名称にこめた思い

　「あい・ぽーと」の「あい」は、「ふれあい」「分かちあい」「学びあい」「支えあい」「育ちあい」の5つの「あい」の結晶です。江東区の子育て支援センター「みずべ」を創立し、子育てひろば「あい・ぽーと」設立時に私と共に法人の代表理事を務めてくださった新澤誠治先生の発案でした。

　そして、「ぽーと」は港です。私たちの最初の子育てひろばがスタートしたのが東京都港区でしたので、その「港」を用いました。同時に「港」には私の特別の思いをこめました。「港」は、"船出"であり"寄港"の場です。「あい・ぽーと」でさまざまな「あい」を経験して元気になって"船出"をしてほしい。疲れたとき、ほっとしたいときには、いつでも帰ってくることのできる"港"でありたいとの願いです。

【5つの目標】【4つの方法】【3つの柱に基づいた8つの事業】

　この名称に込めた願いを実現するために、開設当初から今日まで、一貫して【5つの目標】【4つの方法】【3つの柱に基づいた8つの事業】を展開しています。

【5つの目標】

　　1）次世代を担う子どもたちが、すくすくのびやかに育つ（子育ち支援）
　　2）親が、親として、人として豊かに生きられる（親支援）
　　3）女性とシニア世代男性の社会参画支援の推進（老若男女共同参画支援）
　　4）すべての人が子どもと共にある暮らしの豊かさを享受できる街づくり（地域の育児力向上支援）
　　5）すべての親・家庭が子育ての苦楽を乗り越えて、子どもと共にある暮らしに喜びを見出す（子育て・家族支援）

【4つの方法】
　　1）一時保育や相談事業の充実を図り、家族の役割の変化、親の就労形態の多様化に即した今日的ニーズに応える
　　2）NPOの特色を活かし、行政との密接な連携のもとに、地域に根ざした柔軟な運営に努める
　　3）行政・区民・大学・企業等の参画を得て、地域の子育て支援の総合拠点としての役割を目指す
　　4）「子育てするならこの街で」の標語を実現する全国モデルとなることを目指し、常に先駆的な取り組みに努める

【3つの柱と8つの事業】
　1　ひろば事業　　①　親子や子育て仲間とのふれあい促進事業
　　　　　　　　　　②　各種相談・各種講座
　　　　　　　　　　③　キッズ交流ガーデン（恵泉女学園大学との協働）
　2　一時保育事業　④　施設内・外一時保育
　3　地域の連携と人材養成事業
　　　　　　　　　　⑤　人材養成
　　　　　　　　　　⑥　子育て関連の情報提供・交流
　　　　　　　　　　⑦　子育てネットワーク
　　　　　　　　　　⑧　大学・企業との協働

親と子がホッとできる空間に

　「あい・ぽーと」の名称に込めた願いと活動理念を実現していく道のりで最初に手掛けたことは、館内施設等のカラーコーディネートでした。港区の子育てひろば「あい・ぽーと」は元区立幼稚園の施設を、千代田区の子育てひろばは区立保育園の建て替え時の仮園舎を、それぞれ再利用したものです。従って、いずれも開設時の最初の仕事は施設のリノベーションでした。

　「あい・ぽーと」は前述のように、"子育て支援は親支援"をモットーに掲げた施設ですので、子育て中の母親たちに、大人としての自分を見出せるような時間と場を提供したいと願いました。この願いを受け止めてくれたのが、当時、パリから帰国したばかりの青年画家でした。おもちゃやカウンターは木のぬくもりを大切に、また壁からスタッフのエプロンに至るまで、オフホワイトを基調とした色彩が施されて、男性も出入りしやすい落ち着いた空間が作られました。この方針はその後、千代田区の麹町に開設したひろばでも受け継がれています。

「孤育て」（孤独な子育て）から豊かな子育てライフへ

・さまざまなプログラムを充実

ひろば事業では、親子で楽しく遊び、仲間づくりもできるように各種プログラムや季節ごとの行事を実施しています。

リトミック／親子で音遊び／ベビーヨガ／ママバレエ／親子バレエ／一流シェフによるお料理教室／ウェルカムウィーク／スプリングコンサート／ハロウィン／クリスマスコンサート

親の学びも大切に

「あい・ぽーと」の特色は、親の学びを大切にしていることです。子育てをテーマとしつつも、子育てだけにとどまらず、さまざまな社会現象も取り入れた講座を適宜開催しています。

子育てはとても大切な営みですが、子育てだけに明け暮れていると、それ以外の世界から目も心も閉ざすことになりかねません。わが子のことしか見えなくなって、やがて子どもの成長発達が自分の通信簿のように思えて、子どもに無理な要求をしたりして追い詰めてしまうことにもなりかねません。それでいて、自分の愛情に間違いはないと思い込むことも。

こうした状況に陥らないためにも、子育て中だからこそ広い視野で自分や子育てを見つめることができるようなひと時も大切にしてほしいとの願いから企画した講座は、例えば次のようなものです。

▶ 社会人のための生涯就業力講座

「女性の生き方と３歳児神話」／「女性が生きのびるための福祉とお金」

「あなたの明日をひらくために」／「他者と共に歩むためのコミュニケーション」／「子どもを伸ばす　母親の自己肯定感」

講座を受講した方々は、子育てに悩み、あるいは自分は母親失格ではないかと涙を流したり、実母との確執に嗚咽したり、とさまざまですが、講座の受講を通して、ただ涙を流すだけでなく、母親となった女性たちの生きづらさの背景にある社会の問題や、女性だけでなく男性も直面している問題へと目をひらいていく人が少なくありません。どのように社会が変わればよいのか、そのために皆で手を携えて子育ての在り方や地域・社会のあり方を問い直そうとする発想が芽生えることもしばしばです。また、ゼミ形式での講座を受講して、帰宅して夫との会話が弾むようになったとの報告もあります。親支援の大切さを実感する講座です。

多様な体制による相談サポート

　子育てには悩みや不安がつきものです。「あい・ぽーと」ではさまざまな悩みや相談に適宜、臨機応変に対応できる仕組みを整備しています。

　そのひとつは、"ひろばコンシェルジュ"です。ひろばに来た親子の様子をさりげなく見守りながら、何気ない会話を通して、相談に乗っています。その中から、時間をかけて話を聴く必要があると判断されるケースでは、子育て相談員（"子育てコーディネーター"）につなぐという2ステップを踏んでいます。

　"子育てコーディネーター"は利用者支援の相談室に常駐していますが、ここでも初めから相談として来室するケースばかりとは限りません。相談室には体重計と身長計を置いていますので、子どもの成長を計測してほしいという理由で来室する親子のほうが多いといえます。そうした中から、"実は…"と悩みごとをぽつりぽつり語り始めたりします。

　子育て中の親の悩みは複雑多岐にわたっているのが現状です。自分は何を、どのような理由で悩んでいるのかがはっきりしているとは限りません。子どもの発語の遅れを訴える相談が、実は夫婦関係に本当の悩みがあったりします。それだけにスタッフが時間をかけて、"傾聴"に徹しながら、ゆっくり対応できる相談室であるように心がけています。

　そして、必要に応じて専門関係機関につないでいます。「あい・ぽーと」の利用者支援の相談は、けっして"たらいまわし"にしない、親の悩みをワンストップでお受けすることをモットーとした仕組みです。

大学・企業等との連携

　子育て支援は、一つの団体や組織だけで担えるものではありません。行政・大学・企業・NPO等との協働で、それぞれの特性を発揮した支援を展開することが求められています。

　こうした協働から発生した「あい・ぽーと」ならではの事業の一つとして、青山の子育てひろばで、園庭を活用して親子で有機野菜づくりを楽しむ"キッズ交流ガーデン"を開設時から実施しています。教育機関で最初に改正JASの認定を受けた恵泉女学園大学との協働で、土づくりから始め、四季を通したコースを親子が体験しています。

　　じゃがいもコース（4月中旬〜7月上旬）

　　さといもコース（5月中旬〜10月初旬）

　　冬野菜コース（白菜・大根・ほうれん草・ラディッシュ・こかぶ・青梗菜等：

10月初旬～1月中旬）

　企業との連携は、第3章で述べた団塊世代・シニア世代男性の地域貢献活動のほか、毎年、夏に東京国際フォーラムでの子育てイベントの開催を住友生命保険相互会社の助成で行っています。青山や麹町で実施している日々の子育てひろば活動を、全国の方々にもご紹介できる貴重な機会で、すでに2007年から13回に及んで実施させていただいています。

施設内外で―理由を問わない―時保育

　「あい・ぽーと」の活動の中で特にユニークなのは“理由を問わない一時保育”です。かつては母親が自分の子どもを預けるときはしかるべき理由が求められました。でも、子育ては家庭だけ、女性だけで担うのには無理があります。働くために預けることだけでなくリフレッシュや勉強等々、母親となった女性が自分のために使う時間も大切です。そのために施設内外で“理由を問わない一時保育”を開設当初から実施しています。

　この“理由を問わない一時保育”は、子育てひろば「あい・ぽーと」青山と麹町の両施設内で実施している施設型と利用者の家庭等に出向く派遣型（訪問型）の2つのタイプがあります。

　施設型の対象は生後2か月から就学前まで。土日を含めて、7時半～21時まで。派遣型（訪問型）は、利用者のニーズにあわせて、新生児や病後児、宿泊での保育にも対応しています。

　預かる理由はさまざまですが、就労のために利用される方も多くいます。大学で週1度の非常勤講師を務める母親や通訳業に携わっている母親など、不定期の就労は保育園入所が叶いません。「あい・ぽーと」の一時保育があったから、仕事をあきらめずに子育てにも励めたといった声をたくさんいただいています。

　“理由を問わない一時保育”の実施に至る経緯とその詳細については、本文1章もご参照ください。

ネットワークの形成
中学生たちの職場体験も

　「あい・ぽーと」では、近隣の公立中学校からの職場体験の受入れにも協力しています。エプロンを付けた中学生が、読み聞かせをしたり、園庭のキーウィ収穫のお手伝い等をしてくれますので、ご利用の親子からとても喜ばれています。体験後は、中学生から丁寧なお礼状を頂き、スタッフにとっても日々の仕事への励みにな

っています。

<u>内外からたくさんの見学や視察</u>

「あい・ぽーと」の取り組みに関心をもった訪問・見学の申し出をたくさんいただいています。フランスやスウェーデン・韓国・中国からの視察など海外の方々との交流を通して、子育ての文化や施策の違いや特色を学ぶ好機です。国内からも全国各地の子育て支援団体の方々等との意見交換の機会をいただいています。

また国の施策に携わる立場の方々の視察にも、大きな励ましをいただいています。

NPO法人あい・ぽーとステーションの人材養成

「あい・ぽーと」の人材養成の概要と特色

<u>2005年から開始して、国の認定資格に</u>

NPO法人あい・ぽーとステーションでは、2005年から東京都港区で、その後、千代田区も加わり、計6つの自治体で"子育て・家族支援者"の養成に取り組んできました。

この「子育て・家族支援者」の養成は、基礎自治体とNPOとの協働で、地域の人々が保育や子育て支援を担う人材となることを目指して開始したものです。すでに1900余名の認定者が誕生し、各地域の実情に合わせた形で地域の育児力・子育て支援力の向上に活躍しています。

開始から10年を経た2015年に厚生労働省の認定資格"子育て支援員"となりました。

<u>確かな講座構成</u>

「あい・ぽーと」の人材養成の特色は、〈講座受講〉→〈活動支援・活動コーディネート〉→〈バックアップ研修〉を一つのセットとして、基礎自治体と密接な協働のもとで取り組んでいることです。

講座は、乳幼児の心理・保育・社会福祉・子育て支援等の領域の第一線の講師陣からなる講義科目と見学実習から構成され、全コマ出席と全講義分のレポート提出を認定の必須要件としています。

保育は子どもの命を預かる活動です。また"理由を問わない一時保育"をはじめとした保育は、対象の子どもの年齢の幅も広く、保育時間も多様であるだけに、保育園や認定こども園等の保育とは異なる難しさがあります。保育にあたる一人ひとりが、親の子育ての実情や一人ひとりの子どもの成長発達を理解し、適切にかかわ

れるだけの知識と技術を学びますが、何よりもマインドの醸成を重視します。子育て支援は親支援、家族支援でもあるという本法人の理念をこの人材養成事業の中でも徹底しています。

2005年にスタートして以来、認定資格の構成は次のような形で進めてきました。

1）講座認定の基本である３級を取得すると、施設内での一時保育での保育の担当が可能。また各自治体の子育て支援施設や自治体主催事業時の一時保育者としても活動が可能。

2）３級を取得し、規定の３級活動実績を踏み、バックアップ研修も規定回数受講すると、２級講座受講の資格を得ることができる。２級認定者は、アウトリーチ型での保育である派遣型（訪問型）保育活動が可能。なお、保育士・医師・看護師等の国家資格保有者は、３級認定資格がなくても、２級受講を可とする。

3）２級認定者の中から、各自治体の実情とニーズにあわせて、"ひろばコンシェルジュ""子育てコーディネーター""家庭的保育者・家庭的保育補助者"等の人材の養成を行った。

充実したバックアップ体制

養成講座を修了した認定者に対して、活動のコーディネートを行うと共に、バックアップ研修を充実することで、認定者の資質の維持向上に務めています。さらに、認定資格は更新制とし、活動実績とバックアップ研修参加を資格更新の必須要件としています。支援者の養成だけにとどまらず、支援者として認定したあとのフォローアップ体制を整えることで、支援者の質の維持・向上を図っていることが、本法人の人材養成事業の大きな特徴となっています。

バックアップ研修の内容は、利用者・支援者からの声や、支援者を活用する現場の声を反映させながら、養成講座では補えなかったものにも機動的に対応する内容になっています。また実際の活動現場で感じた不安・疑問を解決・共有する役割を果たす重要な機会ともなっており、毎月開催されるバックアップ研修に参加しレポートを提出することも、資格更新の必須要件の一つとしています。

認定後の活動内容や活動時間は、認定資格によって、さらには認定者一人ひとりの状況に応じて異なりますが、有償活動を保障することを原則としています。活動の理念は地域の子育て家庭の役に立つことを願うボランティアマインドにありますが、一方で、この活動が地域住民にとっても、就業（就職）とは別の形での新たな

社会参画につながることを期していることは、本文でも述べている通りです。

基礎自治体との協働実施

　人材養成を実施するうえで基礎自治体との緊密な協働体制を敷いていることも、あい・ぽーとステーションの"子育て・家族支援者"養成講座の特徴です。

　講座内容の企画立案等はNPO独自（2015年に"子育て支援員"資格となってからは、その基準と内容に準拠：資34参照）のものですが、補助金や委託費の交付をはじめとして、講座の運営と認定者の活用等は、各自治体と協働して実施しています。

　協働の具体例は、次の通りです。

　　1）各自治体の子育て支援施策について、担当者が講義

　　2）講義だけではなく、実習を含むことが本講座の特徴であることから、各自治体が認可保育園や子育て支援施設等で実習の場を提供。現場責任者（保育園園長等）が実習前後の指導を担当。

　　3）その他にも、地元の医師会や専門機関（保健所や療育施設）からも講師派遣。現場講師の登壇によって、より現場の実情に即した講座内容となっている。

　　4）自治体によっては、3級の認定後の集団保育の対象が乳幼児だけでなく、学童期までを含む必要から、放課後児童指導員への研修を講座の中に取り入れている。

　　5）認定後の支援活動において、常に各自治体の担当部署と連携し、養成した人材の有効活用の検討を重ねている。

　こうした自治体との協働体制の充実は、講座受講生にとって、より深い現場理解の上での支援活動につながり、その支援が利用者へのきめ細かい丁寧な対応にも繋がっていると考えます。

　2015年から実施された"子ども・子育て支援新制度"のもと、利用者ニーズをよりきめ細やかに把握できる市区町村の責務と権限の拡大が図られています。基礎自治体が主体となって、それぞれの実情にあわせた子育て支援策の展開が求められています。行政は利用者ニーズにあわせた子育て施策の構築に、一方、本法人は顔の見える関係での子育て支援を担う人材の養成にと、行政とNPOが車の両輪として地域の育児力の向上に寄与することをめざしています。

　なお、行政担当者には異動も多くみられます。ジェネラリストであることが求められる職務上の特性と考えられますが、一方で連携協働を密接にしていくうえでの

課題も時に少なくありません。折しも"子ども・子育て支援新制度"が制定される前の子育て支援制度が大きく変わる節目であった2007年から2012年にかけて、互いに地域の子育て支援への理解を深める講座(「全国自治体職員研修」)も５年間にわたって実施しました。

新たな一歩を踏み出した人材養成

"子育て・まちづくり支援プロデューサー"の誕生・活躍

　あい・ぽーとステーションでは、10年余りに亘る"子育て・家族支援者"の養成の実績をもとに、2013年春に人材養成事業の新たな一歩を踏み出しました。団塊世代の男性の力を子育て支援の現場に活かしていただくことを目指した"子育て・まちづくり支援プロデューサー"の養成です。キーワードは、「現役世代の名刺で勝負！！」。長年、企業人・職業人として培ってきた知識・技術・経験を"子育てを核としたまちづくり"に活かしていただくことで、これまで主に女性の活躍の場となってきた地域の子育て支援に新たな息吹が吹き込まれることを願って始めた取り組みです。

　この"子育て・まちづくり支援プロデューサー"養成とその活動支援は住友生命保険相互会社の"未来を強くする子育てプロジェクト"の助成事業です。2013年２月に開講記念シンポジウムを行って以来、講座は現在、第９期を迎えています。地域の人材養成に、行政・企業・NPOの３者協働で取り組むことで、本法人がめざす老若男女共同参画で地域の育児力の向上が新たな世界の展開のステージを迎えたことと考えます。

　特に、2019年からは全国展開をめざした活動に着手してきましたが、コロナ禍での活動自粛下で、ピンチをチャンスの発想で、オンラインでの企画を通した全国展開の道のりを歩み始めたところです。詳細は本文６章〜７章をご参照ください。

資料編　参考図書

大日向雅美　『「子育て支援が親をダメにする」なんて言わせない』岩波書店
　　2005年

大日向雅美　「子育て支援のこれまでとこれから〜新たなステージを迎えて〜」
　　『発達』140, 2014年、Pp. 2 - 9　ミネルヴァ書房

池田由記・古閑祐樹「地域の子育て・家族支援拠点の取り組み」
　　『発達』140, 2014年、Pp. 15-22　ミネルヴァ書房

NPO法人あい・ぽーとステーション「全国自治体職員向け研修会報告書」
　　〜住友生命創業100周年記念事業『未来を築く子育てプロジェクト』助成事
　　業」2012年

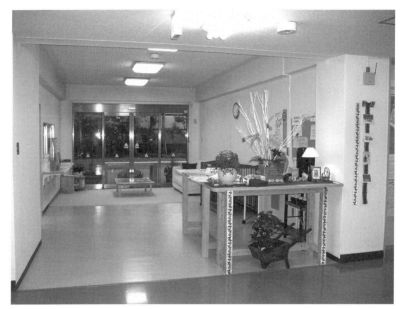

資1　子育てひろば「あい・ぽーと」（東京都港区青山）のエントランス（開設当初）

資2　子育てひろば「あい・ぽーと」（東京都千代田区麹町）のエントランス

資3　講座（日本料理教室）

資4　講座（親子バレエ）

資5　講座（クリスマスリース作り）

社会人女性のための "生涯就業力" 講座
NPO法人あい・ぽーとステーション・恵泉女学園大学共催

「女性の生き方と3歳児神話」

講　師

大日向　雅美（恵泉女学園大学学長・NPO法人あい・ぽーとステーション代表理事）
専門は発達心理学・ジェンダー論。母性研究の第一人者。女性がしなやかに凛として
生きられるよう、その人生設計と子育て支援に注力する姿に、多くの母親たち・
女性たちが励まされています。
『おひさまのようなママでいて』（幻冬舎）
『悩めるママに贈る心のヒント』（NHK出版）
『増補　母性愛神話の罠』（日本評論社）
『人生案内にみる女性の生き方〜母娘関係』（日本評論社）など多数。

赤ちゃんはママがいいに決まっている？　子育ても仕事も両方したいと願うのは
母親のわがまま？　母親が育児に専念しないと、子どもの発達はどうなるの？
女性が自分らしく生きようとするとき、決まって立ちはだかる「3歳児神話」の壁について、
その実態や歴史をひもとき、発達心理学の観点も含めてご一緒に考えてみませんか。
きっとあなたのこれからの人生が明るく拓かれていくことでしょう。

日　時：① 2/23（土）10:00〜11:30　② 2/23（土）13:00〜14:30
　　　　③ 2/25（月）10:00〜11:30　④ 2/26（火）14:00〜15:30

※連続講座・単発参加も可能。各回の詳細は、大日向代表理事（学長の部屋）のブログ（下記）

http://www.keisen.ac.jp/blog/president/2019/01/post-115.html にてご確認下さい

会　　　場：子育てひろば「あい・ぽーと」青山（地下鉄外苑前下車2分）

参　加　費：無　料　（保育希望の場合は保育料（各回）：区内700円・区外1,000円）

定　　　員：先着30名（保育…あい・ぽーと会員のみ先着15名　※要事前予約）

申込み受付：2月1日（金）10：00〜「あい・ぽーと」青山　窓口・電話受付開始

〈講座受講者向けの保育について〉
【保育のお申込について（会員限定・要事前予約）】
＊講座中の保育をご希望の方は、講座参加申し込みの際に、
　保育希望のお日にちをスタッフまでお申し出ください。
〈保育料の入金〉窓口にてお申込より1週間以内に窓口にて
　ご入金ください。
〈保育キャンセル料〉一時保育あおば利用規定に準じます。
【持ち物】おむつ・おしりふき・ビニール袋・着替え
＊15分前には受付にお寄り下さい。
＊短時間の保育のため、原則としてお食事やおやつ、
　ミルクはお預かりできません。
　お食事・授乳は済ませてからお預けください。
　（水分のお預かりが必要な場合は、お白湯・お茶のみとさせ
　ていただきます。）

☆ "生涯就業力" とは☆
生涯就業力とは、「社会人基礎力」と「努力に裏付けられた
自己肯定感」をもとに、人生で出会うさまざまな課題に真摯に
向き合い、改善に向けて尽くす力です。
この考え方は、恵泉女学園を創立（1929年）した河井道の
「どこにあってもなくてはならない人におなりなさい」という
女子教育の理念を、女性活躍の時代における女子大の使命と
して、恵泉女学園大学が掲げ、教育の中核としているものです。

【お申込・お問い合わせ】子育てひろば「あい・ぽーと」青山
〒107-0062　港区南青山2-25-1
TEL：03-5786-3250　https://www.ai-port.jp/

資6　講座のチラシ①

女性の"生涯就業力"講座

NPO法人あい・ぽーとステーション・恵泉女学園大学共催

「あなたの明日を拓くために」

講 師

第1回：大日向　雅美（恵泉女学園大学学長・NPO法人あい・ぽーとステーション代表理事）
第2回以降：井上孝代（明治学院大学名誉教授）・大村美香（朝日新聞記者）
　　　　　定松文（恵泉女学園大学教授）・澤登早苗（恵泉女学園大学教授）
　　　　　水野哲夫（一橋大学、恵泉等非常勤講師）・髙﨑恵（ワークショップデザイナー）
　　　　　皆川満寿美（中央学院大学、恵泉等非常勤講師）

女性の人生は一直線ではありません。
結婚や子育て・介護などのライフイベントで、人生設計をさまざまに変えることが
少なくないことでしょう。女性活躍の時代と言われていますが、女性の人生の行く手には
さまざまな壁が立ちはだかっています。　だからこそ、何があっても、生涯にわたって
自分らしく生きる希望を持ち、目標を探し続ける力を磨くことが大切です。
自身の今を率直に見つめ、地域社会や国際情勢に目を広げ、
他者と共生していく力を磨きましょう。

日　時：①10/21　②11/4　③11/25　④12/2
　　　　⑤ 1/20　⑥ 2/3　⑦ 2/17　⑧ 3/3
　　　　⑨ 3/17　⑩ 3/24　（全日土曜日）
　　　　　　　　13：30～15：00　連続10回講座

会　　場：子育てひろば「あい・ぽーと」青山（下線の日はあい・ぽーと麹町）

対　　象：18歳以上の女性

参 加 費：無料（保育希望の場合は　保育料：区内700円・区外1,000円）

定　　員：先着20名（保育…あい・ぽーと会員のみ先着15名　※要事前予約）

申込み受付：9月1日（金）10：00～「あい・ぽーと」青山窓口・電話受付開始

☆"生涯就業力"とは☆
生涯就業力とは、「社会人基礎力」と「努力に裏付けられた
自己肯定感」をもとに、人生で出会うさまざまな課題に真摯に
向き合い、改善に向けて尽くす力です。
この考え方は、恵泉女学園を創立（1929年）した河井道の
「どこにあってもなくてはならない人におなりなさい」という
女子教育の理念を、女性活躍の時代における女子大の使命と
して、恵泉女学園大学が掲げ、教育の中核としているものです。

【お申込み・お問い合わせ】
子育てひろば「あい・ぽーと」青山
〒107-0062　港区南青山2-25-1
TEL：03-5786-3250
http://www.ai-port.jp/

資7　講座のチラシ②

資8　講座（親の学び）①

資9　講座（親の学び）②

一人で抱え込まないで！　あなたの子育てライフを地域が支えます

2020年からオンライン相談もお受けしています！

☆子育て中のあなたの悩みのすべてに1か所で応じます！
☆子育てや子どもの成長発達に関する悩みや不安に寄り添う相談支援事業です！
☆適切な専門機関や行政サービスにつなぎます！

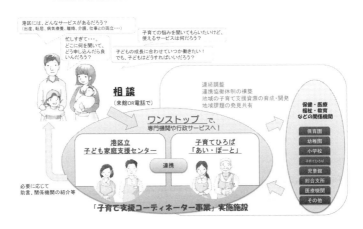

「子育て支援コーディネーター事業」実施施設

利用対象者：港区在住の保護者（妊娠中から18歳未満の子どもをもつ方）・子ども自身。
お　申　込：事前予約は必要ありません。開設時間内に、ご来館又はお電話でご相談下さい
相談場所：港区立子ども家庭支援センター　及び　子育てひろば「あい・ぽーと」
子育て支援コーディネーター：港区の認定を受け、港区内の関係機関と連携しながら利用者ニーズに応じた子育て情報の提供をする他、要望に応じて「子育てプラン」も作成します。

オンライン相談（事前予約制）※ＰＣ、スマートフォン、タブレットが必要です。
：相談員の顔を見ながら、ご自宅やお好きな場所から
　子育て等のご相談が可能です。お気軽にご利用ください。

ご予約は
こちら→

資10　子育てコーディネーターのご案内

資11　利用者相談室

資12　身長体重計測のしおり

資13　キッズ交流ガーデン①

資14　キッズ交流ガーデン②

資15　キッズ交流ガーデン③

資16　キッズ交流ガーデン④

資17　キッズ交流ガーデン⑤

資18　キッズ交流ガーデン⑥

ルルちゃんという子から、海の底の夏祭りの招待状が届きました。みんなで海の底まで冒険の旅に出発です！

司会は天野ひかりさんが務めてくださいました。

うみの そこで なつまつりを ひらきます、あそびにきてね ルル

旅の始まりを飾るのはピアノ・ヴァイオリン・チェロの三重奏。子どもたちは吸い込まれるように音楽に聴き入っていました。

オリジナル音楽絵本「ルルの楽しい海遊び」招待状をくれたルルちゃんは、人魚の女の子でした。

オープニング三重奏

音楽遊びで海の底に出発！

オリジナル音楽絵本上映

海の底まで泳ぐためにみんなで泳ぎの練習！ピアノの演奏に合わせてリトミックで身体をほぐして、海の旅もバッチリ！

資19　キッズジャンボリー①

おさかな海賊団登場！！

途中、おさかな海賊団が現れて（子育て・まちづくり支援プロデューサーさんが扮しています）、通せんぼ！手遊びを上手にできたら通してやろう！と言われて、みんなで歌って踊って、大ジャンプ！子どもたちの頑張りに負けて、夏祭り会場までの近道を教えてくれます。

エリックさんと英語でうたおう★

海の底の夏祭りに間に合ったみんな。スペシャル ゲストはエリック・ジェイコブセンさん！歌って踊って大盛り上がり！！

夏祭りのフィナーレでルルちゃんがみんなに会いに出てきてくれました。ルルちゃんにみんなで手を振って、みんなで「ありがとう」と伝えると、ルルちゃんからも泡で「ありがとう」のメッセージが！

資20　キッズジャンボリー②

午後は、育児専門家の汐見稔幸先生・大日向雅美先生と、アンガールズの山根良顕さんをお迎えして、大人は「子育てトーク」。パパママに日頃の思いをメッセージボードに書いてもらい、それをもとに先生方にコメントをいただきました。パパママお互いの気持ちに寄り添えた、いい時間になりました。

子どもたちは子ども祭りに参加。おさかな海賊に変身したり、お魚釣りをしたり、特設ステージで歌って踊って大はしゃぎ。

資21　キッズジャンボリー③

子どもまつりで楽しんだら、パパとママの元へ。かわいいお魚帽を被って、お魚の手遊びをしました。

海の夏祭りフィナーレは、子どもたちが素敵に飾りつけしたお神輿の登場！乙姫様と一緒に盆踊りを踊ってフィナーレ★

楽しい夏の思い出ができました。ご来場有難うございました。

当日の来場者：1,164名
たくさんのご来場
誠に有難うございました。

資22　キッズジャンボリー④

資23　天皇皇后両陛下行幸啓

資24　福田康夫首相の視察

資25　韓国からの視察団

資26　フランス・スウェーデンからの視察

資27　あい・ぽーとの歩みの概略

	主な事業経歴及び実績
2003年9月	港区子育てサポートハウス事業の運営を受託。地域に根差した新たな子育て・家族支援の拠点となることを目指した子育てひろばを開設。 2004年12月より本法人が運営主体となる。
2005年1月	港区子育て・家族援者養成講座3級開講
2005年4月	子育て・家族支援者3級認定者による港区一時保育活動開始
2006年1月	港区子育て・家族支援者養成講座2級開講
2006年4月	港区子育て・家族支援者2級認定者による港区派遣型一時保育事業開始
2007年8月 （～2019年8月）	東京国際フォーラムキッズフェスタ（キッズジャンボリー）参加 （住友生命保険相互会社助成事業）以後、2019年8月まで連続13回参加
2007年9月～12月	自治体職員研修（住友生命保険相互会社「未来を築く子育てプロジェクト助成事業」第Ⅰ期開講：わが市・わが町にふさわしい少子化対策・子育て支援を行うための知識と技能を高める
2008年10月～ 2009年3月	自治体職員研修 （住友生命保険相互会社「未来を築く子育てプロジェクト助成事業） 第Ⅱ期開講：前期行動計画の点検評価及び後期行動計画策定に向けて
2010年1月～2月	自治体職員研修 （住友生命保険相互会社「未来を築く子育てプロジェクト助成事業） 第Ⅲ期開講：「コンクリートから人へ」を 地域の子育て支援にいかに反映させるか
2011年1月～2月	自治体職員研修 （住友生命保険相互会社「未来を築く子育てプロジェクト助成事業） 第Ⅳ期開講：子どもの発達環境を地域でいかに守るか 　　　　　　～改めて「子どものため」の議論を～
2012年1月	自治体職員研修 （住友生命保険相互会社「未来を築く子育てプロジェクト助成事業） 第Ⅴ期開講：未曾有の震災被害に立ち向かう今、 　　　　　　持続可能なまちづくりとは何か 　　　　　　～子ども・子育ての視点から考える～

2012年2月	ひろばコンシェルジュ養成講座開始
2012年4月	ひろばコンシェルジュが本法人子育てひろばにて活動開始
2012年11月	千代田区家庭的保育事業飯田橋　開所
2013年2月	子育て・まちづくり支援プロデューサー養成講座 （住友生命保険相互会社「未来を強くする子育てプロジェクト」 助成事業）第Ⅰ期開講記念シンポジウム＆養成講座開始 ⇒以後、毎年企画実施
2013年4月	港区立子ども家庭支援センターひろばにて、ひろばコンシェル ジュの活動開始
2013年4月	子育て・まちづくり支援プロデューサーの活動開始 （子育てひろば・港区立子ども家庭支援センターにおけるイベン ト等の企画実施）
2013年9月	家庭的保育事業東神田　開所
2015年2月	港区利用者支援事業専門相談員養成講座開講
2015年4月	港区立子ども家庭支援センター及び本法人子育てひろばにて、 港区子育てコーディネーター活動開始
2015年5月	今、なぜ&いかに「子育て支援員」？シンポジウム開催 ～子ども・子育て支援新制度スタートを機に「子育て支援員」 研修制度について考える～ 主催：本法人　助成：住友生命保険相互会社 後援：厚生労働省・内閣府
2016年4月	千代田区子育てコーディネーター活動開始
2016年5月	港区子育て支援員研修及び確認研修開始
2016年8月	港区子育て支援員活動開始
2016年7月	港区　まち・ひと・しごと　創生総合戦略 港区みんなと子育てシンポジウム企画実施 主催：港区／本法人 協力：住友生命保険相互会社／六本木ロータリークラブ／ 　　　学校法人メイ・ウシヤマ学園ハリウッド大学院大学／ 　　　一般社団法人みなとこぞってネットワーク
2016年10月	千代田区麹町にて「保育機能を備えた子育て支援施設」事業を 受託し、地域型保育事業（小規模保育事業）、地域子ども・子育 て支援事業を開始 （子育てコーディネーター事業、地域子育て支援拠点事業、一時 預かり事業等）

2018年1月	子育て・まちづくり支援プロデューサー養成講座シンポジウム 「シニア男性パワーを地域へ 〜ニーズに"応える"ことから"創る"ことへ〜」企画実施 主催：本法人　助成：住友生命保険相互会社
2019年3月	子育て・まちづくり支援プロデューサー養成講座シンポジウム 「シニア世代男性が投げかける新たな社会モード転換 　〜競争原理から分かち合いへ〜」企画実施 主催：本法人　助成：住友生命保険相互会社
2020年11月	「子育て・まちづくり支援プロデューサ」オンラインシンポジウム ウィズ・コロナすべての人に「居場所」を 〜シニア世代がひらく共生社会への道〜 企画実施 主催：本法人　助成：住友生命保険相互会社 後援：厚生労働省・内閣府
	主な視察
2006年1月	猪口 邦子少子化・男女共同参画担当大臣視察
2006年10月	武見 敬三厚生労働省副大臣視察
2007年3月	内閣府の招聘によるフランス・スウェーデン政策担当者視察
2008年3月	内閣府の招聘による英国・ドイツ・韓国政策担当者視察
2008年9月	福田 康夫首相・橋本 聖子参議院議員視察
2009年6月	郡上市長視察
2011年3月	末松 義規内閣府副大臣視察
2011年4月	内閣府・厚生労働省職員視察
2011年5月	天皇皇后両陛下行幸啓・武井 雅昭港区長ご来訪
2015年11月	一億総活躍担当加藤 勝信大臣視察・武井 雅昭港区長ご来訪
2016年3月	国際交流基金の招聘による前ワシントンDC副市長視察
2017年9月	小泉 進次郎衆議院議員他視察
	主な受賞歴
2008年1月	にっけい子育て支援大賞（日本経済新聞社創設）
2008年11月	「子どもと家族を応援する日本」功労者表彰の内閣総理大臣表彰 を受賞

資28　あい・ぽーとについてメディア等への主な掲載

年	日付	雑誌・書籍名	タイトル	主な内容
2004	1月	ゆいまーる	キレない子どもを育てる教育プログラム	子育てひろば「あい・ぽーと」の紹介
2006	7.8月	子どもの文化	子育て支援を考える　支援者の養成　子育てひろば「あい・ぽーと」の実践	子育てひろば「あい・ぽーと」子育て・家族支援者養成講座の紹介
	8月	すくすく子育て	子育て支援の現場から	子育てひろば「あい・ぽーと」子育て・家族支援者養成講座の紹介
2007	2月	母の友	自信を持てないでいる「貴方」へ	あい・ぽーとステーションの取組みについての紹介含む
	5月	新世	社会とのつながりの中で培われる子育て	子育てひろば「あい・ぽーと」の紹介含む
	7月	のんびる7月号	養成講座が“はじめの一歩”一緒に子育て家庭を応援しましょう！	子育て・家族支援者養成講座の紹介
	10.11月	3・4・5歳児の保育	「子育て支援」＝「家族支援」保育園・幼稚園でできること　できないこととは？	子育てひろば「あい・ぽーと」子育て・家族支援者養成講座の紹介含む
2009	8月	いきいきチャレンジ	こんなすてきな人に会ってきました　井林靖雄さん	一時保育活動、ひろばでの紙芝居等、井林さんの活動紹介
	10月	クーヨン10月号	育てながら、学び合う親子の菜園教室	キッズ交流ガーデンでの野菜作りの紹介
	10月	北九州市女性リーダー国内研修報告書	子育てひろば「あい・ぽーと」	あい・ぽーとのご紹介
2010	3月	あけぼの3月号	一人ぽっちにしないで～親を愛する子どもたち	大日向代表理事と坪井節子氏（弁護士）との対談
2011	5月	婦人の友5月号	親子・地域のコミュニケーションを見直す機会　思いやる心を育む	東日本大震災当日の一時保育あおばでの保育事例紹介を含む
	7月	散歩の達人「ママさんぽ」	おでかけNavi	あい・ぽーとのご紹介

2012	3月	婦人の友3月号	未来をつくる 子どもたちへ	大日向代表理事の対談 震災後のあい・ぽーとの活動紹介含む
2015	12月	AERA with Baby 12月号	子育て支援の第一人者として地域を巻き込み、母と子を現場でサポートします	大日向代表理事のこれまでの活動紹介 あい・ぽーとの活動紹介含む
2019	12月	婦人の友12月号	対談 そんなに息をつめないで 家庭という密室で	大日向代表理事と細谷亮太氏（小児科医）との対談
2020	10月	母子保健10月号	「とじこもり育児」の現状と課題	コロナ禍の子育て支援について

新聞での主な紹介記事

年	日付	新聞名	タイトル	主な内容
2004	4月16日	西日本新聞	官民一体で子育て支援 東京・港区「あい・ぽーと」	あい・ぽーとの紹介
2006	1月3日	東京新聞	母子保健法改正を検討「両親で育児」促す 父の役割、明確化	猪口少子化担当相視察の様子
	2月2日	読売新聞	子育て人材養成 官民で連携	子育て・家族支援者養成講座の紹介
	3月14日	東京新聞	地域で育児 支える中高年〜子育て支援施設「あい・ぽーと」上〜 独自講座で「支援者」養成	子育て・家族支援者の紹介
	3月18日	東京新聞	女性が失うものを減らそう〜子育て支援施設「あい・ぽーと」下〜 安心できる良質の保育所を	あい・ぽーとの紹介
2007	1月31日	読売新聞	今、求められる子育て支援とは 目標、手法、モデル必要	子育て支援について
	2月1日	朝日新聞	母親に寄り添う第3のジジ	子育て・家族支援者（井林さん）の紹介

	3月27日	産経新聞	赤ちゃん額　音楽療法からのアプローチ	あい・ぽーとの講座「音遊び」の紹介
	4月12日	読売新聞	「子育て支援者」地域で養成　育児経験者や退職者を活用	子育て・家族支援者養成講座の紹介
	5月2日	日本経済新聞	拝見「子育て支援」人材養成へ認定講座　年中無休で保育施設運営	子育て・家族支援者養成講座の紹介含む
	6月5日	日本経済新聞	自治体にノウハウ伝授あい・ぽーと　ニーズ発掘など	住友生命保険相互会社助成講座の紹介
	7月1日	朝日新聞	踏まれたスカート　安部政権と女性　上　子育て支援に暗雲	あい・ぽーと　子育て・家族支援者さんの紹介
	9月22日	東京新聞	福田氏企業の環境づくり"約束"「高福祉・高負担、選ぶとき」	福田前総理大臣視察の紹介含む
	12月26日	日本経済新聞	拝見「子育て支援」育児体験　学生も学ぶ	子育て・家族支援者養成講座の紹介含む
2008	5月3日	朝日新聞	今どきの育児学んで現場へ　地域の子育て支援者養成	子育て・家族支援者養成講座の紹介
2009	1月1日	日本経済新聞	逆境に克つ　シニアがサポート　若い母親にアドバイス	子育て・家族支援者の紹介
2010	11月23日	朝日新聞	耕論　孤育ての国　母親の変質より社会の問題	子育て支援について
2011	9月16日	日本経済新聞	グッバイ育児不安　先輩ママに活躍の場	子育て・家族支援者養成講座の紹介
	11月26日	西日本新聞	つながる支える‐2悲劇をなくすために子育て離れ優しさ戻る	あい・ぽーとの紹介
2013	11月20日	毎日新聞	一時預かりで親に安心を　住民を担い手に	子育て・家族支援者養成講座の紹介
2014	4月13日	朝日新聞	団塊男性　地域の大黒柱に　豊かな企業経験魅力　気負わず、育児の知識学ぼう	子育て・まちづくり支援プロデューサーの紹介

2014	6月16日	日本経済新聞	子育て支援員 どうなる 女性の意欲引き出す工夫を	子育て・家族支援者について
2019	9月24日	朝日新聞	現役時代の「宝」生かして 大学教授→子育て支援 経験の厚みが信頼に	子育て・まちづくり支援プロデューサーの紹介
2019	11月4日	東京新聞	育児抱え込まないで 子ども虐待を防ぐ 悩む親へ相談勧める	子育てに奮闘する親へのメッセージ
2020	5月14日	朝日新聞	緊急事態「新しい生活様式」向き合い悩む現場 保育で	コロナ禍の子育て支援について
2020	8月6日	日本経済新聞	オピニオン 長引くコロナ 子育て支援は親任せにしない対策を	コロナ禍の子育て支援について
	8月11日	毎日新聞	コロナ禍の夏休み 心健やかに・・・・・親子に効く「家族会議」	コロナ禍の子育て支援について
2020	10月3日	朝日新聞	子育て相談 オンラインで 「気軽に参加できる」好評	オンラインひろばのご紹介
2021	2月3日	日本経済新聞	巣ごもり育児 親のうつ防ぐ オンラインで交流絶やさず	あい・ぽーとの紹介

テレビでの主な紹介

年	日付	テレビ局	番組名	主な内容
2003	7月3日	NHK	視点・論点	親の"育児力"を育てる
2013	2月14日	NHK	視点・論点	団塊世代の地域貢献
2014	4月23日	NHK	視点・論点	多様なニーズに応える保育とは

資29　子育て・家族支援者養成講座認定式（港区）

資30　子育て・家族支援者養成講座認定式（千代田区）

資31　子育て・家族支援者養成講座認定式（多摩市）

あい・ぽーとステーションの人材養成

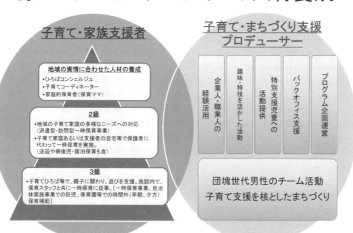

子育て・家族支援者

地域の実情に合わせた人材の養成
- ひろばコンシェルジュ
- 子育てコーディネーター
- 家庭的保育者（保育ママ）

2級
- 地域の子育て家庭の多様なニーズへの対応
（派遣型・訪問型一時保育事業）
- 子育て家庭あるいは支援者の自宅等で保護者に
代わって一時保育を実施。
（送迎や病後児・宿泊保育も含）

3級
- 子育てひろば等で、親子に関わり、遊びを支援、施設内で、
保育スタッフと共に一時保育に従事。（一時保育事業、自治
体実施事業での託児、保育園等での時間外（早朝、夕方）
保育補助）

**子育て・まちづくり支援
プロデューサー**

- 企業人・職業人の経験活用
- 趣味・特技を活かした活動
- 特別支援児童への活動提供
- バックオフィス支援
- プログラム企画運営

団塊世代男性のチーム活動
子育て支援を核としたまちづくり

資32　あい・ぽーとステーションの人材養成図

資33　3級・2級の講座内容

養成課程		座学	見学実習	見学実習先
一般コース	3級	34～39時間	8～14時間	保育園 各自治体の子育て支援施設（子ども家庭支援センター、児童育成クラブ、子育てひろば　等）
	2級	31～43時間	7～9時間	幼稚園、こども家庭支援センター、子育てひろば、一時保育施設、家庭的保育室
	合計	65～82時間	15～23時間	
児童指導員コース （一般コース3級と一部共通）		37.5時間	4.5時間	所属クラブ以外のクラブでの見学実習
家庭的保育者コース	認定研修課程	3級・2級の受講で、認定研修課程修了		**【家庭的保育者の希望者】** 予定連携園（48時間＋20日間）＋家庭的保育者宅（2日間）
	基礎研修課程	26時間	2日間	**【家庭的保育補助者の希望者】** 家庭的保育者宅（2日間）
ひろばコンシェルジュ	3級・2級の認定取得の上で、以下の時間を履修			
		17.5時間	4時間	子育てひろば
子育てケアマネージャー	3級・2級の認定取得の上で、以下の時間を履修			
		11時間	7時間	こども家庭支援センター、こども発達センター、子育て支援センター、児童養護施設等の見学

【主な講座内容】

子どもの発達、国や自治体の最新の子育て支援施策についての最新動向、保護者支援・家族支援、保育原理・教育原理、保育の実際（子どものあそび）、子どものケガ・病気と応急手当、子どもの虐待、発達障害　　など

バックアップ研修課程	時間数（年間）	備考
3級・2級	18時間	年間、4回以上の出席・レポート提出が、資格保持要件
児童指導員コース	4.5時間	3級（児童育成クラブ指導員コース）受講後に、同一年度内に3回実施【参加必須】

家庭的保育者 コース	18時間	家庭的保育ガイドラインの"現任研修"に該当。全コマ参加【必須】 経験年数2年未満の保育者は、ガイドライの"フォローアップ研修"に該当するコマへの参加も、別途【必須】
子育て ケアマネージャー	10.5時間	毎月全員参加のケース会議

【主な講座内容】

支援現場における課題と助言、支援現場で求められるチームとしての動き、救命救急、バレエストレッチ、子育て現場での 「ヒヤリ、ハット」（安全の確保とリスクマネジメント）、気になる子どもと親への理解と関わり方、支援先で役立つ簡単遊び、支援現場で役立つ赤ちゃん体操、子どもの栄養管理、子どもの発達に応じた食事介助、アレルギー、感染症への対策と対処、保育現場での記録、子育て現場でのコミュニケーション、働くことを考える

資34　子育て支援員研修への読みかえ表

科目名	「子育て支援員研修」科目への対応
子育て支援施策の動向	【基②】
地域における子育て支援の必要性	【基①】
子どもの発達Ⅰ	【基③】
子どもの発達Ⅱ	【オ】
乳幼児の発達と心理	【地・共②】
児童期の発達と心理	【オ】
思春期・青年期の発達と心理	【オ】
教育原理・保育原理	【基④】
乳幼児の生活と遊び	【地・共①】
小児栄養	【地・共③】
小児保健	【地・共④】
新生児期から乳児期の病気	【地・共⑤】
病（後）児対応	【オ】
子どもの障害	【基⑦】
特別に配慮を要する子どもへの対応Ⅰ	【地・共⑩】
特別に配慮を要する子どもへの対応Ⅱ	【オ】
子どもの虐待と社会的養護	【基⑥】
子どもを巡るさまざまな状況	【オ】
地域保育の環境整備	【地・共⑦】
保育者の職業倫理と配慮事項	【地・共⑨】
保育現場での記録	【オ】
安全確保とリスクマネジメント	【地・共⑧】
対人援助の価値と倫理	【基⑤】
心の健康を保つために	【オ】
一時預かり事業の概要	【地・一①】
多様化する家族問題と保護者対応Ⅰ	【地・一④】
多様化する家族問題と保護者対応Ⅱ	【地・フ③】
地域型保育の概要	【地・地①】
地域型保育の保育内容	【地・地②】
多様化する家族問題と保護者対応Ⅲ	【地・地④】

子どもと高齢者の交流や
助け合いをどう広げるか

この分科会では、男性が参加することの重要性を指摘する声が相次いだ。石蔵氏は「65歳以上の独居男性では、2週間に1度以下しか会話していない人が15%もいます。保育ボランティアをすることが、自分自身のいきがいにもなります」と述べた。

シニア世代の男性で子育て支援に取り組んでいる梅澤、宮内氏は「男たちは競争原理から協力原理に転換が必要です。わずかながらも費用をいただく有償ボランティアが重要です」と語った。

子育て家庭のために自宅を開放した岡村氏は「人は人との関わりの中で生きられます。子どもだけでなく、お母さんたちにもゆっくり過ごせる場が必要。寄付などの支援と、良い仲間に恵まれて活動が続けられました」と述べた。松本氏は、「子どもは地域の宝。子育て世代を支えるとともに、世代や障害を越えた居場所作りが大切」と報告した。

登壇者の報告の後、参加者たちは6人程度のグループに分かれ、それぞれの活動について意見を交換した。

進行役　奥山千鶴子（子育てひろば全国連絡協議会理事長）
登壇者　石蔵文信（大阪大学大学院人間科学研究科未来共創センター招へい教授）、岡村紀男（ほっとスペースじいちゃんち代表）、松本茂子（ボランティアはなその代表）、宮内敏雄（あい・ぽーとステーション子育て・まちづくり支援プロデューサー）、梅澤隆（同）

世代越えた居場所作り

資35　いきがい助け合いサミット　in 大阪：まちプロ活動の発表

◆ これまで「あい・ぽーと」を支えてくださった方々（敬称略）

✧ 理事・監事の皆さま
　　　新澤誠治　汐見稔幸　榊原洋一　遠山洋一　堤桂子　恵泉女学園歴代学園長
　　　松村正一　大前由子

✧ アートデザイン　蒲原元

✧ 写真　　　　　　鈴木徹

✧ 講座講師の先生方

✧ 子育て・家族支援者／子育てまちづくり支援プロデューサーの皆さま

✧ ご助成
　　住友生命保険相互会社　六本木ロータリークラブ

　　　　　　　　　　　　他、多くの皆さまに心から感謝申し上げます。

おわりに

　本書執筆の機会を得て、「あい・ぽーと」の誕生から今日までを振り返ってきました。長かったような、アッと言う間だったような不思議な時間を感じつつ、思い浮かぶ言葉があります。それは"点と点を結ぶ（connecting the dots)"、アップル社の元 CEO のスティーブ・ジョブズ氏がスタンフォード大学の卒業式で述べた有名な言葉です。

　…先を読んで点と点をつなぐことはできません。後からふり返って初めてできるわけです。したがってあなたたちは、　点と点が将来どこかでつながると信じなければなりません。自分の勇気、運命、人生、カルマ、何でもいいから、信じてください。点がやがてつながると信じることで、たとえそれが皆の通る道からはずれても、自分の心に従う自信が生まれます。これが大きなちがいをもたらしてくれるのです…。

　東京都港区青山で元幼稚園の跡地と施設を活用した子育て支援施設として「あい・ぽーと」が産声をあげたとき、私は NPO とは何か、何を目指して進んでいったらいいのか、正直、何もわかっていなかったと思います。ただ、母親を"孤育て（孤独な子育て）"から解放したい、そのために地域の皆で子育て・家族支援をする新たな仕組みを創らなくてはならない、その思いだけでした。夢中で走り続けてきた20年近い歳月でしたが、ふりかえってみると、なんと多くの地域の方々が参集してくださったことでしょう。行政・企業・大学からの心強い応援もいただけました。

　そして、気がついてみると、「あい・ぽーと」は今、東京都港区と千代田区の２か所で"子育てひろば"を、千代田区内に３か所の小規模保育室を設けています。この４月からは港区表参道で３か所目の"子育てひろば"の活動が展開されました。

　こうした活動ができるのも、この間、数多くの"子育て・家族支援者"さんとシニア世代男性の"まちプロ"さんが「あい・ぽーと」の人材養成講座から誕生してくださったお陰です。

老若男女共同参画で地域の育児力をあげたいと願ったとき、今の「あい・ぽーと」の姿を想像していたわけではけっしてありません。青山のひろばの運営に精いっぱいだったあの時をふりかえると、私の願いも行動もほんの小さな点にすぎなかったと思います。

　その小さな点がいつしか、線となって、そして、今に至っている…。どんなときでも、何があっても、そのときそのときに与えられたことに全力を投じて一緒に走ってきてくれたスタッフと地域の皆さんの存在にただただ頭が下がります。将来を思い煩い、焦ったり、絶望したりすることの無意味さを、そして、私たちが直面している日々の生活や仕事の中にある喜びも苦しみも試練もすべて与えられたものとみなして、その一つひとつに心を尽くし、感謝の心で向き合う大切さを、身をもって示してくれたスタッフや地域の方々でした。共に働き尽くしてくれたすべての人の名前をここに記すことは残念ながら叶いません。一人ひとりの顔を思い浮かべながら、深い感謝の思いで本書の結びをしたためていることを伝えたいと思います。

　最後に、日本評論社の遠藤俊夫氏には一方ならぬお世話になりました。書籍の刊行に際して編集者に礼を述べるのが慣例かと思いますが、私の氏に対する思いはそうした慣例を越えたものがあります。執筆の機会に恵まれることの少なかった若かりし時、氏が編集長を務められた『こころの科学』に連載の機会を与えてくださったことをはじめとして、以来、日本の母性観の弊害を問う私の研究を『母性愛神話の罠』『増補　母性愛神話の罠』『新装版　母性の研究』『「人生案内」にみる女性の生き方』『女性の一生』という形で世に送り出してくださいました。そして、この度はそうした研究の成果と課題を実践の場に移してきた「あい・ぽーと」についてまとめることにお力添えをいただきました。私のライフワークを構築する理論と実践の両方の道のりを常に伴走し励まし続けてくださった氏に心からの感謝を述べて、筆を擱かせていただきます。

　2021年4月

大日向雅美

●著者────────

大日向雅美（おおひなた まさみ）

1950年生まれ。恵泉女学園大学学長　NPO法人あい・ぽーとステーション代表理事

専門は発達心理学　学術博士（お茶の水女子大学）。1970年代初めのコインロッカー・ベビー事件を契機に、母親の育児不安・育児ストレスの研究に取り組む。2004年よりNPO法人あい・ぽーとステーション代表理事として社会や地域で子育てを支える活動にも注力。主な著書（単著）『子育てと出会うとき』（NHK出版）/『「子育て支援が親をダメにする」なんて言わせない』（岩波書店）/『子育てがつらくなったとき読む本』（PHP研究所）/『人生案内　孫は来てよし　帰ってよし』（東京堂）/『増補　母性愛神話の罠』（日本評論社）/『おひさまのようなママでいて』（幻冬社）/『「人生案内」にみる女性の生き方〜母娘関係』（日本評論社）/『新装版　母性の研究』（日本評論社）/『自己肯定で幸せ子育て』（河出書房新社）/『女性の一生』（日本評論社）ほか多数。主な受賞歴：エイボン教育賞（2003年）/男女共同参画社会づくり功労者内閣総理大臣表彰（2016年）/NHK放送文化賞（2019年）。

NPO法人あい・ぽーとステーション

東京都港区南青山（2004年〜）と千代田区麹町（2016年〜）に子育てひろば「あい・ぽーと」を開設。親子が楽しく集うひろば事業のほか、全国に先駆けて"理由を問わない一時保育"を実施。2005年から子育て支援に活躍する地域の人材"子育て・家族支援者"の養成とシニア世代男性の地域活動支援にも注力。厚生労働省認定資格「子育て支援員」のモデルとなる。日本経済新聞社「にっけい子育て支援大賞」（2007年）、内閣総理大臣表彰「子どもと家族を応援する日本」功労者（2008年）受賞。

本書及び関連図書『NPO法人あい・ぽーとステーション子育て・家族支援者養成講座テキスト』（製作日本評論社）

編集委員会メンバー：池田由記・梅澤隆・古閑祐樹・齋藤洋未・宮内敏雄

共 生社会をひらく シニア世代の子育て支援
——子育てひろば「あい・ぽーと」2003〜2021

2021年7月25日　第1版第1刷発行

著　者——大日向雅美＋NPO法人あい・ぽーとステーション
発行所——株式会社　日本評論社
　　　　　〒170-8474 東京都豊島区南大塚 3-12-4
　　　　　電話03-3987-8621（販売）-8598（編集）振替00100-3-16
印刷所——精文堂印刷株式会社
製本所——株式会社難波製本
カバー・扉イラスト——蒲原　元
装　幀——臼井新太郎装釘室

検印省略　Ⓒ Masami Ohinata 2021
ISBN 978-4-535-56404-6　Printed in Japan